丝路经济与文化文库

丝绸之路沿线省份健康扶贫状况调查研究

——以甘肃、陕西、新疆三省区为例

韦艳 著

中国经济出版社
CHINA ECONOMIC PUBLISHING HOUSE
·北京·

图书在版编目（CIP）数据

丝绸之路沿线省份健康扶贫状况调查研究——以甘肃、陕西、新疆三省区为例／韦艳著．—北京：中国经济出版社，2020．12

ISBN 978－7－5136－6494－3

Ⅰ．①丝…　Ⅱ．①韦…　Ⅲ．①医疗保健－扶贫－调查研究－中国　Ⅳ．①F197．1

中国版本图书馆 CIP 数据核字（2021）第 116772 号

责任编辑　郭国玺
责任印制　巢新强
封面设计　任燕飞工作室

出版发行　中国经济出版社
印 刷 者　北京九州迅驰传媒文化有限公司
经 销 者　各地新华书店
开　　本　710mm×1000mm　1/16
印　　张　10．75
字　　数　155 千字
版　　次　2020 年 12 月第 1 版
印　　次　2020 年 12 月第 1 次
定　　价　78．00 元
广告经营许可证　京西工商广字第 8179 号

中国经济出版社　**网址**　www.economyph.com　**社址**　北京市东城区安定门外大街 58 号　**邮编**　100011

本版图书如存在印装质量问题，请与本社销售中心联系调换（联系电话：010－57512564）

本书为
中国（西安）丝绸之路研究院科学研究重点项目（2017SZ03）
国家社会科学基金重点项目（18ARK001）
研究成果

前　言

健康扶贫是国家脱贫攻坚七个行动计划之一，实施精准健康扶贫工程是中共中央、国务院推进新时期扶贫攻坚的重要战略部署，是防止“因病致贫、因病返贫”，确保农村贫困人口到2020年全面脱贫的重大政策举措。贫困人口的健康不仅影响着家庭生活和人口发展，更影响着全面建成小康社会目标的实现。精准健康扶贫工程的推进现状关系到2020年脱贫目标能否如期实现，只有了解健康扶贫工作的开展状况，才能实现贫困人口的稳定脱贫和可持续发展。

丝绸之路经济带是在古丝绸之路概念基础上形成的一个新的经济发展区域。中国以丝绸之路经济带为契机，积极与沿线国家建立友好合作关系，推进区域经济合作。新丝绸之路经济带的建设将极大改善中国西部地区的发展环境，形成新的对外开放格局，促进经济的均衡发展，进而改善公共卫生环境，从而摆脱“因病致贫，因病返贫”的发展困境。因此，丝绸之路沿线省份健康扶贫状况的调查研究，对中国其他省份脱贫路径的探索有着积极的借鉴意义。

本书从宏观、中观、微观三个层面对健康扶贫的现状进行了分析，并比较了丝路沿线甘、陕、新三省区的人口健康分布，揭示了不同区域、不同家庭的贫困特征和健康扶贫工作存在的问题，以期为解决贫困地区健康扶贫问题提供实证数据的参考。本书选取了丝绸之路沿线的陕西省、甘肃省、新疆维吾尔自治区三省区，收集了甘、陕、新三省区共38个市州的健康及公共卫生服务等相关指标，并在三省区开展了“丝路沿线省份健康扶贫状况”专项调查，共收集1 643份家庭问卷和156份村级问卷，以便了解各省区的人口健康现状及健康扶贫状况。

全书共十二章，研究的主要内容包括：宏观上，利用甘、陕、新三省区的市一级数据，分析各省区健康及医疗状况的空间分布模式，对比各省区人口健康分布差异，进而发现影响人口健康状况的因素；中观上，利用课题组在陕西省、甘肃省和新疆维吾尔自治区三省区进行的专项调查村级数据，深入了解甘、陕、新三省区健康扶贫工作的基层开展状况；微观上，利用专项调查户级数据，对贫困地区的贫困现状进行多维度的测度和分析，比较研究丝路沿线三省区不同区域、不同家庭（建档立卡户、非建档立卡户）的贫困特征和存在的问题，为解决贫困地区健康扶贫问题提供实证数据的参考。最后对健康扶贫政策的实施进行偏差性分析，通过梳理国内省份较为先进的健康扶贫的经验和举措，从政策主体、政策客体、政策目标与政策工具多个层面对健康扶贫工作存在的问题进行分析，以期前瞻性地提出构建面向2020年后的多层次精准健康扶贫和人口可持续发展的政策促进体系。

在本书的完成过程中，课题组研究得到了众多的支持和帮助。在此特别感谢中国（西安）丝绸之路研究院科学研究重点项目（2017SZ03）对我们的大力支持，同时课题研究受到了国家社会科学基金重点项目（18ARK001）、陕西高校人文社科青年英才支持计划、西安财经大学“青年英才发展支持计划”的支持，感谢西安财经大学丝路健康扶贫课题组全体成员的辛勤劳动。参加本书撰写工作的还有张莹博士、张艳平博士生以及研究生方祎、陈瑞斌、高迎霞、闫琪、徐赟、郑晨琪、李坤城，笔者在此一并表示感谢！

由于笔者水平有限，书中不妥之处在所难免，恳请广大读者批评指正。

韦　艳

2019年5月

目　录

引　言

第一节　研究背景与意义

2016 年，国家卫生计生委、国务院扶贫办、国家发展改革委等 15 部委联合印发《关于实施健康扶贫工程的指导意见》。实施精准健康扶贫工程是中国政府推进新时期扶贫攻坚的重要战略部署，是防止“因病致贫、因病返贫”，确保农村贫困人口到 2020 年全面脱贫的重大政策举措。贫困是世界性的难题，在各类致贫原因中，“因病致贫，因病返贫”现象最为常见和难以根除（王黔京，等，2017）。农村居民经济负担较重、地方经济发展水平滞后、财政对卫生的投入不到位，是“因病致贫、因病返贫”的主要原因（朱兆芳，2016）。因此，只有将健康扶贫拓展到产业扶贫、生态扶贫，即统筹贫困地区资源保护与经济社会发展、统筹土壤质量维护与农业持续发展、统筹生态建设与生物多样性保护、统筹环境污染治理与人居环境健康保障等才能治本。

国务院扶贫办数据显示，截至 2018 年底，我国仍有 1 660 万农村贫困人口，大多分布在 584 个国家扶贫开发重点县，这些贫困县主要集中在西部地区，其中西部省份占 375 个。由于丝路沿线的核心省份大多处于西部地区，经济社会发展落后，贫困县所占比重高，贫困家庭收入主要依靠外出务工和家庭农业收入，缺乏财产性收入，收入来源比较单一。所以一旦家庭成员患上大病，治病不但花去多年积蓄，甚至负债累累；更有一些家庭因无钱治病，只能“小病扛，大病躺”，结果“小病拖大，大病拖炸”，深陷贫病交加之中，不能自拔（王培安，2016）。因此，西部省份的健康扶贫工作更是惠民工程的重中之重。西部农村贫困人口脱贫是全面建成小康社会，实现共享发展的关键短板和突出难题。我国全面开展健康扶贫工作，在提高农村贫困人口医疗报销比例、开展疾病分类救治、新农合健康扶贫、特困人员长期门诊可获全额救助等方面，取得了阶段性成效。脱贫攻坚的主要途径概括为“八个一批”：产业扶持脱贫一批，就业扶持脱贫一批，生态补偿脱贫一批，易地搬迁脱贫一批，危房改造脱贫一批，健康扶贫脱贫一批，教育支持脱贫一批，兜底保障脱贫一批（钟莹，2016）。

从目前研究现状来看，已有研究丝绸之路沿线省份的问题主要关注国家“一带一路”倡议下的经济发展，而经济发展能够促进公共卫生服务和健康水平的提高。丝路沿线的核心省份以西部地区为主，贫困人口中“因病致贫、因病返贫”的比例非常高，这些地区的健康人力资本状况严重制约了经济发展。但是已有研究中对于健康扶贫的专项调查还非常少见。鉴于目前学术界针对丝路沿线省份健康扶贫问题的有限研究，本书将从实证调查入手，分析丝路沿线省份实施健康扶贫政策的现状及影响因素，对比不同群体、不同区域的贫困现状及特征，提出建立健康扶贫长效机制的建议。这样，不仅能够充实丝路沿线省份健康扶贫问题的理论研究，而且对于促进整个西部地区乃至全国的健康扶贫事业的发展有着积极重要的作用。

第二节　研究目标

本书宏观上利用甘、陕、新三省区市一级数据，分析各省区健康及医疗状况的空间分布模式，对比甘、陕、新三省区人口健康分布差异，进而发现影响人口健康状况的因素；中观上利用课题组在陕西省、甘肃省和新疆维吾尔自治区三省区进行的“健康扶贫与人口发展”专项调查村级数据，深入了解甘、陕、新三省区健康扶贫工作的基层开展状况；微观上利用“健康扶贫与人口发展”专项调查户级数据，对贫困地区的贫困现状进行多维度的测度和分析，比较研究丝路沿线甘、陕、新三省区不同区域特征、不同家庭（建档立卡户、非建档立卡户）的贫困特征和存在的问题，为解决贫困地区健康扶贫问题提供实证数据的参考。最后对健康扶贫政策的实施进行偏差性分析，从政策主体、政策客体、政策目标与政策工具多个层面对健康扶贫工作存在的问题进行分析，以期前瞻性地提出构建面向2020年后的多层次精准健康扶贫和可持续人口发展的政策促进体系。

第三节 研究数据与研究方法

一、研究数据

本书数据主要来自各省市统计年鉴、健康扶贫专项座谈会以及专项调查。2017年12月至2018年2月本课题组在陕西省、甘肃省和新疆维吾尔自治区进行了“健康扶贫与人口发展”专项调查。本次调查召集了甘、陕、新三省区的大学生作为调查员，根据自愿参与调查的农村学生的登记表，按照地域分布进行抽样，尽量均匀地覆盖甘、陕、新三省区各个区县，基本可以反映精准健康扶贫的现状及贫困特征。本调查共招募了178名来自农村的大学生调查员，由课题组对其进行动员和培训后，调查员利用寒假回乡时间进行调查。在质量控制方面，课题组成员对部分受访者进行跟访。问卷回收后，对问卷进行逻辑关系审核。数据录入后进行逻辑检验，以确保数据质量。

本次调查将贫困户作为调查对象，非贫困户则是在贫困户所在村委会随机选取，且与贫困户的样本比例保持在1:1左右，每户仅访问户主或其配偶。本次调查共包括三套问卷：家庭问卷、村级问卷及村卫生室问卷。家庭问卷的内容主要包括调查家庭的基本信息、经济和健康状况、生活习惯、健康扶贫知晓率、需求度和满意度等。村级问卷的内容主要包括村子的基本人口、经济、环境、卫生室和村干部信息等。村卫生室问卷的内容主要包括村卫生室的人员构成、基本情况、基本公共卫生服务等。最终调查共回收有效家庭问卷1 643份，村级问卷156份，村卫生室问卷145份。家庭问卷中新疆维吾尔自治区占24.84%，甘肃省占39.62%，陕西省占35.54%。问卷具体分布情况见表0－1。

表0－1　甘、陕、新三省区问卷分布情况　　单位：份

地区	家庭问卷		村级问卷	村卫生室问卷
	非贫困户	贫困户		
陕西	380	271	65	63
甘肃	311	273	49	47
新疆	209	199	42	35
合计	900	743	156	145

2018年1—2月课题组在陕西省、甘肃省、新疆维吾尔自治区三省区与相关部门进行了健康扶贫专项座谈会，收集了来自甘、陕、新三省区卫计委、扶贫办等相关部门的关于健康扶贫的汇报资料数据。数据来源、调查范围和内容见表0－2。

表0－2　数据来源、调查范围和内容

数据类型		调查范围	内容	使用章节
宏观数据	国内数据	丝路沿线 陕西、甘肃、新疆三省区共38个市州	户籍人口数、医疗卫生机构数、医疗卫生机构床位数、卫生技术人员数以及人口死亡率	第一章 第二章
中观数据	问卷调查	丝路沿线 陕西、甘肃、新疆三省区	村级问卷的内容主要包括村子的基本人口信息、人员构成、经济、环境、卫生室和村干部信息、基本公共卫生服务等	第三章
微观数据	问卷调查	丝路沿线 陕西、甘肃、新疆三省区	家庭问卷的内容主要包括调查家庭的基本信息、经济和健康状况、生活习惯、健康扶贫知晓率、需求度和满意度等	第四章、第五章、第六章、第七章、第八章
	访谈	省卫计委、省扶贫办、省财政厅、省发改委、省人社厅、省民政厅等相关厅局	各部门在推进健康扶贫工作中的做法、成效及存在的问题和下一步的工作安排	第九章、第十章、第十一章、第十二章

二、研究方法

本书采用人口学、统计学、社会学等多学科交叉的方法，对专项调查数据、座谈资料和收集的二手数据进行研究，分析了陕西省、甘肃省及新疆维吾尔自治区三省区健康扶贫的实施现状，发现健康扶贫工作存在的问题并提出合理化建议。具体研究方法有以下四种：

（1）利用已有的专项调查数据，采用大量的人口学及统计学方法，从宏观、中观及微观层面对甘、陕、新三省区的健康扶贫现状及人口健康状况进行对比分析，力图全面、深入地了解贫困地区现状及贫困特征。

（2）利用 AF 多维贫困测度方法，基于健康人力资本理论，构建基于家庭层面的，综合教育、健康、生活水平等健康人力资本积累的多维贫困测度和评价体系。

（3）利用空间计量分析方法，比较分析甘、陕、新三省区人口健康的空间分布状况，研究健康分布的差异性，并分析产生差异的原因。

（4）采用公共政策分析方法，对健康扶贫的相关政策进行了梳理，从政策的主体和客体两个层面对存在的问题进行了分析，并从健康扶贫的体系构建和具体实施路径两个方面为建立贫困地区健康扶贫长效机制提出了政策建议。

第四节　研究思路与研究内容

一、研究思路

本书主要从宏观、中观、微观三个层面对陕西省、甘肃省、新疆维吾尔自治区三省区的人口健康及健康扶贫状况进行了分析，并对健康扶贫的相关政策进行了梳理，以对健康扶贫工作提出合理化建议。

首先，从宏观市级层面，结合时间维度，测度丝路沿线三省区人口健康的分布现状，从横向和纵向分别做出比较。其次，从中观社区层面，对各行政村的基本状况、区域环境及村医疗卫生设施三个方面进行分析，进一步了解丝路沿线甘、陕、新三省区健康扶贫工作的基层开展状况。再次，从微观层面，利用专项调查数据对甘、陕、新三省区农户的健康状况及各地区健康扶贫现状进行分析，并从教育、健康、生活条件三个方面构建多维贫困指标体系，分地区、分群体进行对比分析，探讨各地区的贫困特征及健康扶贫政策实施存在的问题。最后，对甘、陕、新三省区健康扶贫相关政策进行梳理，结合各省区访谈数据，系统探讨在长效脱贫和可持续发展背景下的深度贫困地区人口发展的途径，提出促进精准健康扶贫实施、可持续长效脱贫和推动人口与社会可持续发展的政策建议。

研究思路框架如图 0－1 所示。

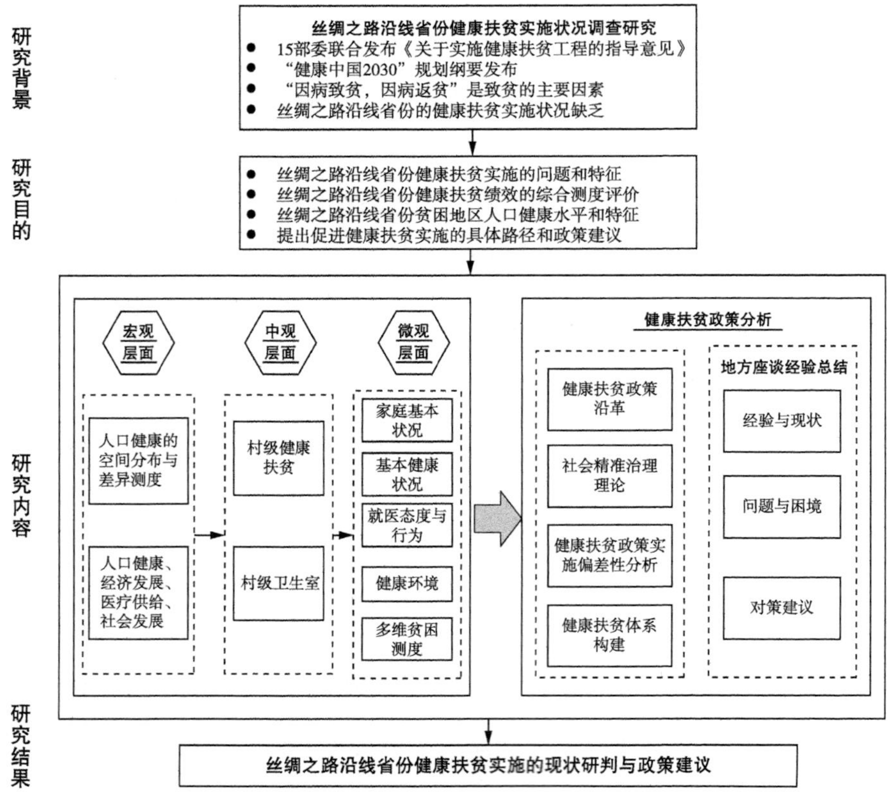

图 0－1　研究思路框架

二、研究内容

本书的研究内容主要包括以下几个部分：

第一部分主要包括研究背景与意义、研究目标、研究数据与方法、研究思路与内容。

第二部分是宏观层面人口健康的空间分布状况。

第三部分是中观层面行政村的基本状况、区域环境以及村级卫生室医疗卫生设施状况。

第四部分是微观层面人口健康和健康扶贫状况。主要包括基本健康状况、就医态度与行为、健康环境、多维贫困测度、扶贫项目满意度。

第五部分是健康扶贫政策分析。主要包括健康扶贫政策的沿革、健康扶贫政策实施偏差性分析、地方座谈经验总结和健康扶贫政策促进与实施路径。

第一章　宏观层面分析设计

第一节　基本思路与框架

本章主要描述甘、陕、新三省区的人口健康状况以及对人口健康相关的医疗卫生供给指标展开研究。根据相关数据资料，主要利用人口死亡率分析人口健康状况，并从经济发展水平、卫生资源供给水平、社会发展水平三个方面分析目前甘、陕、新三省区的医疗卫生资源供给现状，并与各市区的人口健康状况进行对比，进而分析现状原因并试图提出相关建议。本章研究框架如图 1－1 所示。

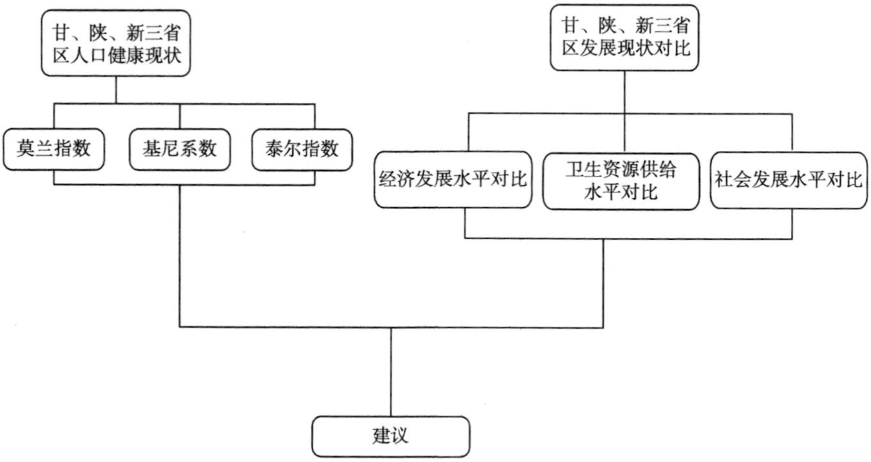

图 1－1　人口健康研究框架

第二节　数据来源及研究方法

一、数据来源

本书研究对象为甘肃省的 14 个市州、陕西省的 10 个市以及新疆维吾尔自治区的 14 个市州，主要分析甘、陕、新三省区的人口健康基本现状，因此采用人口死亡率来代表人口健康指标，原始数据主要包括 2005—2016 年这 12 年的甘、陕、新三省区各市的户籍人口数、医疗卫生机构数、医疗卫生机构床位数、卫生技术人员数以及人口死亡率指标。

二、研究方法

每万人口医疗卫生机构数和每万人口卫生技术人员数属于医疗卫生指标，反映的是一个地区医疗服务的基本规模和水平，医疗卫生指标计算公式如下：

$$\text{每万人口医疗卫生机构数} = \frac{\text{该地区医疗卫生机构数}}{\text{该地区人口数}} \times 10\ 000 \quad (1-1)$$

$$\text{每万人口卫生技术人员数} = \frac{\text{该地区卫生技术人员数}}{\text{该地区人口数}} \times 10\ 000 \quad (1-2)$$

为分析甘、陕、新三省区人口死亡率的空间分布模式以及分布差异性，进而探索三省区各市州的人口健康分布状况，利用全局和局部空间统计量——全局莫兰指数和局部莫兰指数，说明人口健康分布状况；差异测度指标——基尼系数与泰尔系数，说明人口健康分布的差异性。

全局莫兰指数计算公式如下：

$$I = \frac{n \sum_i \sum_j w_{ij}(x_i - \bar{x})(x_j - \bar{x})}{(\sum_i \sum_j w_{ij}) \sum_i (x_i - \bar{x})^2}, \text{其中} j \neq i \quad (1-3)$$

式中，n 为参与分析的空间单元数；x_i，x_j为某个现象在空间单元 i 与

j 上的观测值；w_{ij} 为空间权重矩阵；全局莫兰指数用于探测整个研究区域的空间模式，利用单一的值来反映其自相关程度，值域为［-1，1］，该值小于0表示存在负相关，大于0表示存在正相关，越趋近于0，说明相关性越小；当Moran's I=0时，说明空间呈随机性，越趋近于1或-1说明相关性越大。

局部莫兰指数计算公式如下：

$$I_i = \frac{n^2}{\sum_i \sum_j w_{ij}} \cdot \frac{(x_i - \bar{x}) \sum_j w_{ij}(x_j - \bar{x})}{\sum_j (x_j - \bar{x})^2} \quad (1-4)$$

局部指标计算每一个空间单元与邻近单元就某一属性的相关程度。局部Moran's I的高数值表示具有相同类变量值的面积单元的空间集聚，而低数值说明不同类的空间单元的空间集聚。

泰尔指数（Theil Index）主要是用来测度收入不平等或差异程度以及地区或者个人之间差距的一项指标，尤其在研究收入差距及不平等程度问题时应用最为广泛。基尼系数与泰尔指数之间具有一定的互补性。

泰尔指数计算公式如下：

$$T = \frac{1}{n} \sum_{i=1}^{n} \frac{y_i}{\bar{y}} \ln\left(\frac{y_i}{\bar{y}}\right) \quad (1-5)$$

式中，T 为泰尔指数；n 为个体数；y_i 为第 i 个个体的观测值；$\bar{y}$ 为所有个体的平均观测值，主要用来反映个体间的差异性。泰尔指数的取值范围为［0，1］，泰尔指数越小，说明个体之间的差异就越小；反之，泰尔指数越大，差距就越大。

基尼系数（Gini Index）主要是用于衡量国家贫富差距或居民收入差距的一个标准，是国际上用来综合考察居民内部收入分配差异状况的一个重要分析指标，表示不平等程度，该指标的取值范围是［0，1］。本书用基尼系数来反映三省区各市人口死亡率水平的差异性。

基尼系数计算公式如下：

$$G = \sum_{i=1}^{n} W_i Y_i + 2\sum_{i=1}^{n-1} (1 - V_i) - 1 \quad (1-6)$$

式中，G 为基尼系数，W_i为第 i 组数占总体的比重；Y_i为按收入分组后，各组人口所拥有的收入占收入总额的比重；V_i为 Y_i从 $i=1$ 到 i 的累计数。基尼系数取值范围是［0，1］，主要用于反映居民收入分配的差异程度，本书用于反映死亡率水平的差异性。

第二章　丝路沿线三省区人口健康状况分析

第一节　甘肃省人口健康空间分布状况

一、甘肃省人口死亡率总体空间分布

甘肃省下辖 12 个地级市和 2 个自治州。将甘肃各市州 2005 年与 2016 年的人口死亡率水平进行对比，做出水平柱状图，见图 2－1 和图 2－2。

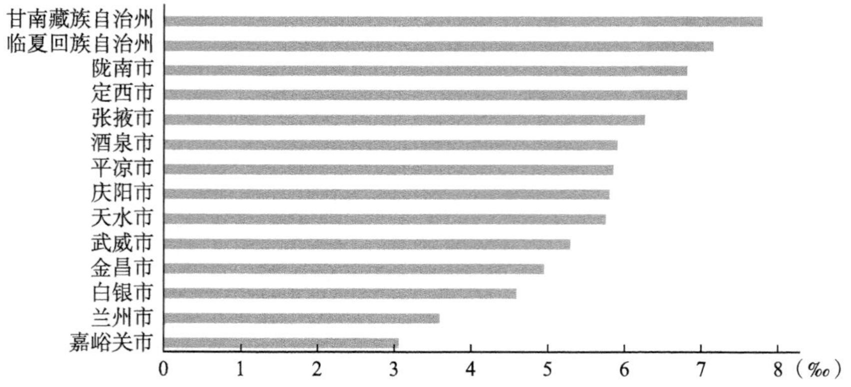

图 2－1　2005 年甘肃省各市州人口死亡率

数据来源：《甘肃统计年鉴 2006》以及各地市统计年鉴、统计公报。

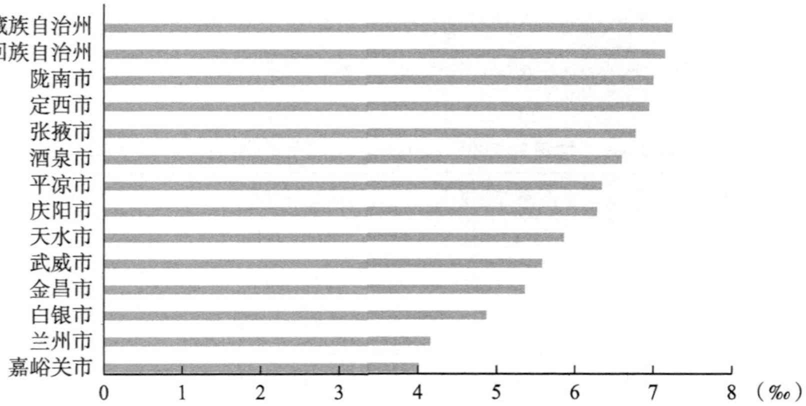

图 2－2　2016 年甘肃省各市州人口死亡率

数据来源：《甘肃统计年鉴 2017》以及各地市统计年鉴、统计公报。

根据图 2－1 与图 2－2，从空间上来看，甘肃省的西南部区域：临夏回族自治州、甘南藏族自治州、陇南市和定西市等人口死亡率相对较高；东南部的东部区域：天水市、平凉市略次之，但是人口死亡率水平基本都在 6‰及以上；西北部的金昌市、武威市、白银市、兰州市、酒泉市与嘉峪关市人口死亡率相对较低，大部分集中在 3‰～5‰。在低人口死亡率区域中，处于 6‰以下，只有张掖市人口死亡率较高，在 6‰以上。从整体来说，陇东、陇中和陇南的人口自然密度较大，甘南的人口自然密度较小，可以看出，甘肃的人口死亡率水平从东南部向西北部呈阶梯式递减，北部区域的人口健康状况大体优于南部区域。

从时间上来看，2016 年甘肃省各市州的人口死亡率水平整体略低于 2005 年，尤其是甘南藏族自治州与临夏回族自治州在 2016 年的人口死亡率明显低于 2005 年，说明甘肃省的人口健康状况得到了改善。

二、空间相关性分析

在进行空间相关性分析时，首先对研究对象的所在区域建立空间权重矩阵，进而分析甘肃省各市州的空间聚集性，这里运用了空间分析软件 Geoda

对甘肃省14个市州建立了基于空间邻接关系的空间权重矩阵。甘肃2005—2016年人口死亡率的全局莫兰指数如表2－1所示。

表2－1　甘肃省2005—2016年人口死亡率的全局莫兰指数

年份	莫兰指数	年份	莫兰指数
2005	0.3959	2011	0.0486
2006	0.4147	2012	0.3010
2007	0.3060	2013	0.3021
2008	0.1793	2014	0.3201
2009	0.4145	2015	0.3208
2010	0.0525	2016	0.1945

数据来源：根据2006—2017年历年甘肃统计年鉴主要数据计算得出。

通过莫兰指数只能在一定程度上看到这些指标的全局相关性，甘肃省人口死亡率的莫兰指数大于0，空间分布呈现正相关性，但由于P值较大，没有通过检验，所以全局空间相关性并不显著，需要寻找可能被掩盖的局部空间自相关。

局部莫兰指数中一共有四种空间关联模式，其中正的空间关联类型有两种：High－High（属性值高于均值的空间单元被属性值高于均值的邻域所包围）与Low－Low（属性值低于均值的空间单元被属性值低于均值的邻域所包围）。负的空间关联类型也有两种：High－Low（属性值高于均值的空间单元被属性值低于均值的邻域所包围）与Low－High（属性值低于均值的空间单元被属性值高于均值的邻域所包围）。表2－2为甘肃省的局部莫兰指数及其显著性水平和关联类型。

表2－2　甘肃省的局部莫兰指数及其显著性水平和关联类型

年份	地区	局部莫兰指数	显著性水平	关联类型
2005	甘南 陇南	1.4825 0.7051	0.01 0.04	H－H H－H
2006	甘南 陇南	1.6019 0.7582	0.008 0.048	H－H H－H

续表

年份	地区	局部莫兰指数	显著性水平	关联类型
2007	甘南 武威	1. 4891 -0. 0364	0. 004 0. 048	H-H H-L
2008	张掖 甘南	-0. 3638 1. 1157	0. 048 0. 012	H-L H-H
2009	张掖 甘南	-0. 7391 1. 1098	0. 018 0. 004	H-L H-H
2010	张掖 临夏 定西	-0. 2098 0. 9106 0. 2607	0. 006 0. 006 0. 012	H-L H-H H-H
2011	甘南 陇南	1. 0582 0. 6341	0. 002 0. 046	H-H H-H
2012	张掖 定西 甘南 陇南	-0. 4055 0. 2723 1. 3297 0. 7088	0. 018 0. 042 0. 004 0. 026	H-L H-H H-H H-H
2013	张掖 定西 甘南 陇南	-0. 4065 0. 2729 1. 3305 0. 7114	0. 024 0. 042 0. 006 0. 038	H-L H-H H-H H-H
2014	张掖 定西 甘南	-0. 3729 0. 2670 1. 4402	0. 014 0. 046 0. 004	H-L H-H H-H
2015	张掖 定西 甘南 陇南	-0. 3438 0. 2511 1. 4023 0. 7678	0. 022 0. 044 0. 006 0. 048	H-L H-H H-H H-H
2016	张掖 甘南 陇南	-0. 2699 0. 9975 0. 6967	0. 042 0. 006 0. 024	H-L H-H H-H

数据来源：根据2006—2017年历年甘肃统计年鉴以及各地市统计年鉴、统计公报主要数据计算得出。

由表2-2可知，甘肃的人口死亡率有“高—高”和“高—低”集聚这两种空间关联类型。其中，“高—高”集聚现象主要出现在甘肃省南部区域（甘南藏族自治州、陇南市、定西市、临夏回族自治州），呈现正相关性，例如甘南藏族自治州的人口死亡率较高，而与它相邻的临夏回族自治州、定西市和陇南市的人口死亡率也是偏高的。“高—低”集聚现象出现在张掖市，即在较低的人口死亡率区域中，张掖市的人口死亡率属于偏高，与张掖市相邻的酒泉市和金昌市的人口死亡率都相对较低，所以呈现负相关性。可以发现，从2005年到2016年，“高—高”与“高—低”集聚地区变化基本不大，“高—高”集聚大多在甘肃西南部，“高—低”集聚基本只在张掖市出现。

三、人口健康差异测度

本书用基尼系数与泰尔指数两个指标来分析甘肃省不同区域之间的人口死亡率水平的差异性与不均衡性，得到表2-3与图2-3。

基尼系数与泰尔指数这两个指标可以大致反映研究对象的不平均程度以及相对合理程度。一般认为，基尼系数值在0.3~0.4是属于相对合理公平的，基尼系数值小于0.3属于较均衡，根据表2-3可知，2005年到2016年甘肃省各市州的人口死亡率差异性较小，说明人口健康状况较为均衡，结合泰尔指数也可以发现，甘肃省各市州的人口死亡率不平均程度较小，说明甘肃省各市州的人口健康状况差异程度并不大。

表2-3　2005—2016年甘肃省人口死亡率基尼系数与泰尔指数

年份	基尼系数	泰尔指数	年份	基尼系数	泰尔指数
2005	0.124	0.026	2011	0.103	0.019
2006	0.115	0.023	2012	0.093	0.014
2007	0.111	0.021	2013	0.093	0.014
2008	0.104	0.021	2014	0.084	0.011
2009	0.099	0.019	2015	0.083	0.011
2010	0.082	0.011	2016	0.097	0.016

数据来源：根据2006—2017年历年甘肃统计年鉴主要数据计算得出。

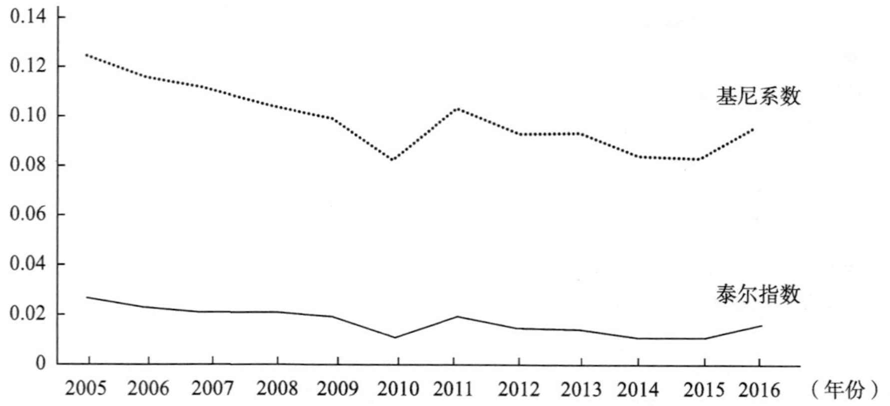

图 2-3　2005—2016 年甘肃省人口死亡率基尼系数与泰尔指数变化趋势

数据来源：根据 2006—2017 年历年甘肃统计年鉴主要数据计算得出。

从表 2-3 与图 2-3 中可以发现，甘肃省人口死亡率的基尼系数值在 2010 年下降幅度较大，2011 年又有所上升，但总体呈下降趋势，说明甘肃省人口健康状况自 2005 年以来在逐渐好转。

第二节　陕西省人口健康空间分布状况

一、陕西省人口死亡率总体空间分布

陕西省下辖 10 个市，为对陕西人口健康水平及其分布基本现状进行定量描述，本书对陕西省 2005 年到 2016 年各市的人口死亡率水平进行了对比，并做出如图 2-4 和图 2-5 所示的水平柱状图。

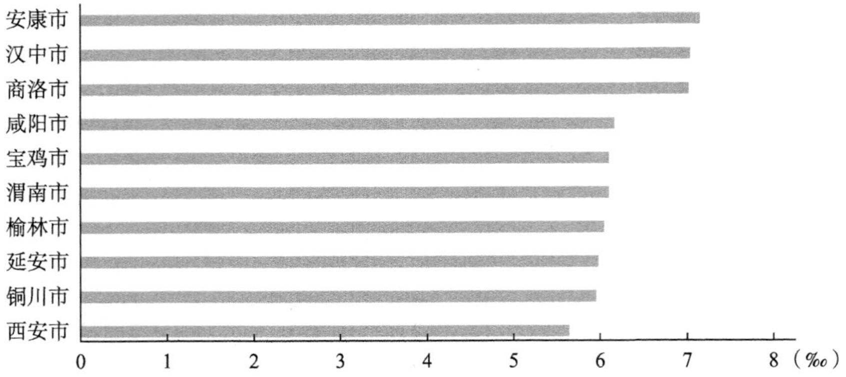

图 2 -4　2005 年陕西省各市人口死亡率

数据来源：2006 年陕西统计年鉴以及各地市统计年鉴、统计公报。

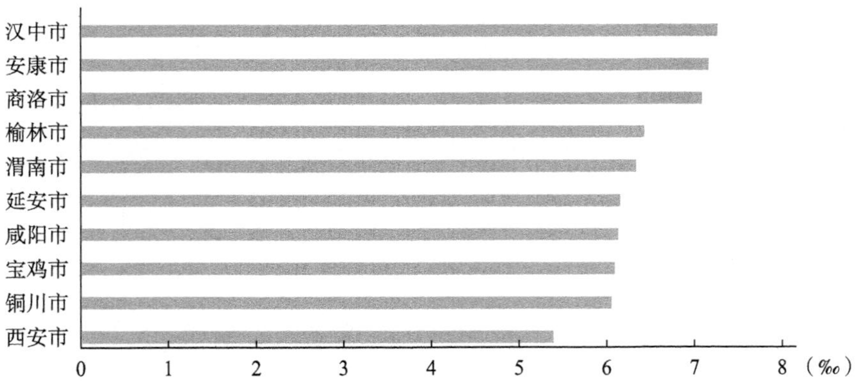

图 2 -5　2016 年陕西省各市人口死亡率

数据来源：2017 年陕西统计年鉴以及各地市统计年鉴、统计公报。

根据图 2 -4 与图 2 -5 可知，从总体上看，陕西省的人口死亡率水平基本为 5‰ ~8‰。首先是陕西省南部地区，主要是汉中市、安康市与商洛市，人口死亡率水平在陕西省整体相对偏高，并且明显高出陕西全省人口死亡率平均水平；其次是陕西省中西部地区，人口死亡率水平相对偏低，尤其是西安市，处于全省人口死亡率的最低水平，说明人口健康状况一直以来处于较好的状态；最后是陕西省北部地区，人口死亡率水平较南部地区偏低，而相对于中西部地区来说偏高。此外，从 2005 年和 2016 年人口死亡率的地区分布情况来看，人口死亡率的地区分布格局整体上变化不大，特别是西安市人口死亡率水平基本上在陕西省常年保持最低的状态。

二、空间相关性分析

通过莫兰指数分析陕西省人口死亡率的地区集聚状态，得到表 2－4 和表 2－5。

表 2－4　陕西省 2005—2016 年人口死亡率的全局莫兰指数

年份	莫兰指数	年份	莫兰指数
2005	0. 1322	2011	0. 0482
2006	0. 0156	2012	0. 0861
2007	－0. 0233	2013	0. 0286
2008	0. 0087	2014	0. 0083
2009	0. 2420	2015	0. 0121
2010	0. 0204	2016	－0. 0245

数据来源：根据 2006—2017 年历年陕西统计年鉴主要数据计算得出。

表 2－5　陕西省的局部莫兰指数及其显著性水平和关联类型

年份	地区	局部莫兰指数	显著性水平	关联类型
2005	咸阳 西安	0. 1894 －0. 6588	0. 002 0. 002	L－L L－H
2006	咸阳	0. 2225	0. 028	L－L
2007	咸阳 渭南	0. 2555 0. 1027	0. 002 0. 042	L－L L－L
2008	咸阳	0. 1562	0. 022	L－L
2009	咸阳 西安 渭南	0. 2302 －0. 3781 0. 1372	0. 002 0. 006 0. 026	L－L L－H L－L
2010	咸阳	0. 3297	0. 002	L－L
2011	咸阳	0. 2913	0. 002	L－L

续表

年份	地区	局部莫兰指数	显著性水平	关联类型
2012	咸阳 渭南	0.2794 0.1191	0.002 0.026	L-L L-L
2013	咸阳 渭南	0.2747 0.0631	0.002 0.048	L-L L-L
2014	咸阳 渭南	0.2997 0.0971	0.002 0.036	L-L L-L
2015	咸阳 渭南	0.3013 0.0960	0.002 0.032	L-L L-L
2016	咸阳 渭南	0.3271 0.0590	0.002 0.042	L-L L-L

数据来源：根据2006—2017年历年陕西统计年鉴以及各地市统计年鉴、统计公报主要数据计算得出。

根据表2-4，陕西省人口死亡率在2007年与2016年表现为空间负相关，其余年份均为空间正相关，但由于P值都较大，没有通过检验，说明全局空间相关性并不显著，需要通过局部莫兰指数来检测其空间关联模式。

由表2-5可知，陕西省的人口死亡率偏低，有“低—低”和“低—高”这两种空间关联类型，并且主要集中在陕西省中部地区的咸阳、渭南和西安这三个城市。西安市为陕西省会、世界历史名城，且经济较发达，相对于其他城市在地理、文化、历史等方面具有优势，不论是经济发展还是医疗卫生资源和社会发展等其他因素，都有向中心城市聚集的趋势，导致西安的经济、医疗卫生以及社会发展等优于其他城市，故而人口健康状况也相对较好。其中，咸阳和渭南为“低—低”集聚类型，而西安属于“低—高”集聚类型，陕西省其他的地区均为不显著。

三、人口健康差异测度

本书利用基尼系数与泰尔指数两个指标对陕西省人口死亡率水平进行差异测度，得到表2-6与图2-6。

表2－6　2005—2016年陕西省人口死亡率基尼系数与泰尔指数

年份	基尼系数	泰尔指数	年份	基尼系数	泰尔指数
2005	0.0423	0.0032	2011	0.0454	0.0039
2006	0.0582	0.0063	2012	0.0453	0.0038
2007	0.0564	0.0058	2013	0.0477	0.0041
2008	0.0461	0.0036	2014	0.0480	0.0040
2009	0.0689	0.0089	2015	0.0474	0.0039
2010	0.0445	0.0036	2016	0.0474	0.0038

数据来源：根据2006—2017年历年陕西统计年鉴主要数据计算得出。

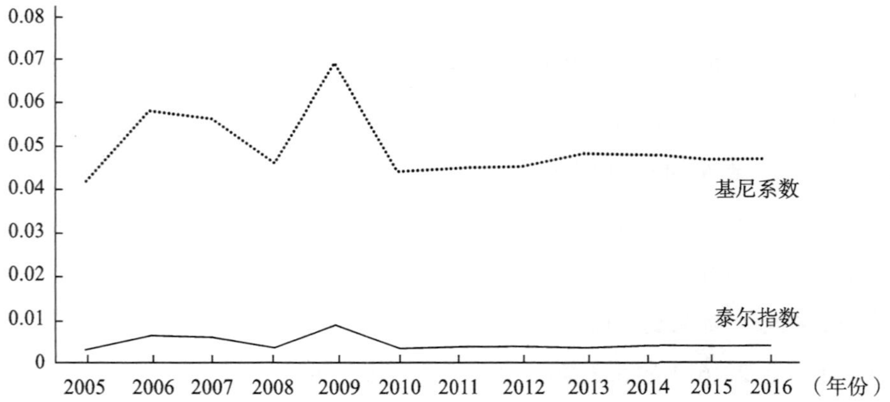

图2－6　2005—2016年陕西省人口死亡率基尼系数与泰尔指数变化趋势

数据来源：根据2006—2017年历年陕西统计年鉴主要数据计算得出。

根据表2－6和图2－6可知，2005—2016年陕西省人口死亡率的基尼系数和泰尔指数整体较低，保持在0～0.07，并且变化幅度很小，基本保持较平缓的趋势，说明陕西省各市之间的人口死亡率水平较为均衡，即各市的人口健康状况无明显差异。

第三节　新疆维吾尔自治区人口健康空间分布状况

一、新疆维吾尔自治区人口死亡率总体空间分布

新疆维吾尔自治区包括14个市州，为对其人口健康分布基本现状进行描述，对新疆维吾尔自治区2005年与2016年各市/州的人口死亡率水平进行对比，做出如图2－7和图2－8所示的水平柱状图。

新疆维吾尔自治区地势环境和气候等条件较复杂，影响人口死亡率的因素很多，因此新疆各地区人口死亡率水平在每年变化幅度都较大。由图2－7和图2－8可以看出，2005年人口死亡率最高的地区是新疆维吾尔自治区北部的塔城地区，其次是南部的和田地区与克孜勒苏柯尔克孜自治州，人口死亡率的分布状况大致呈现从南部向北部由高到低的规律；到2016年，人口死亡率最高的地区变为阿克苏地区、喀什地区和吐鲁番市。由此可以看出，新疆维吾尔自治区人口健康分布状况变化较大，尤其是塔城地区的人口死亡率水平从2005年的8.58‰下降到2016年的5.21‰，变化幅度较大，说明健康状况有了较大改善。

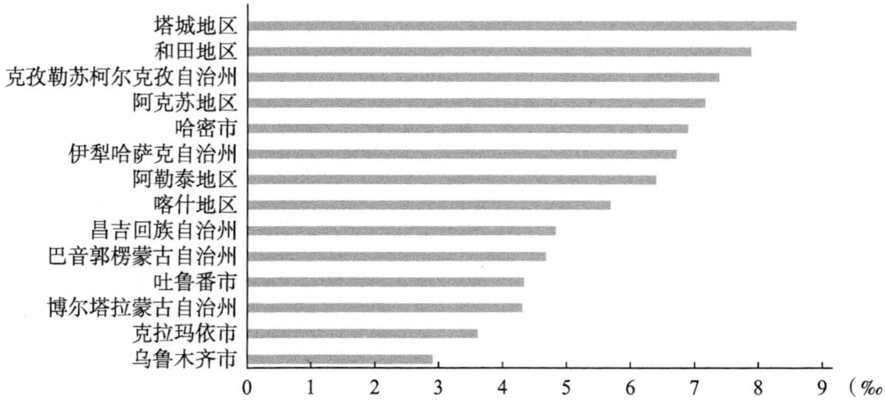

图2－7　2005年新疆各地区人口死亡率

数据来源：2006年新疆统计年鉴及各市州统计年鉴、统计公报。

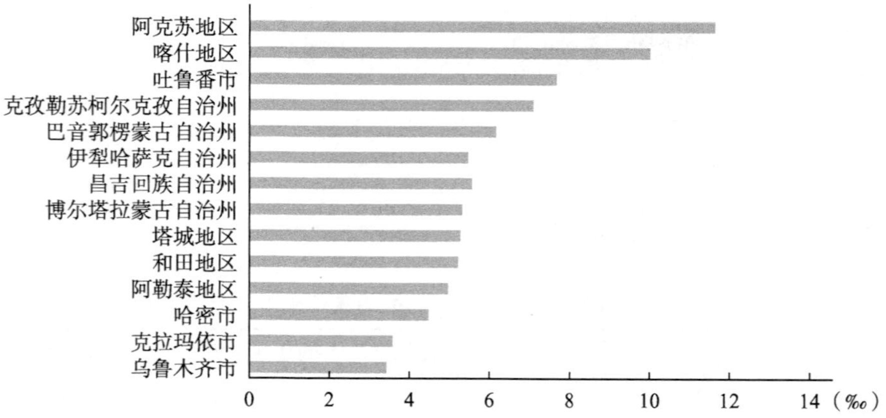

图 2－8　2016 年新疆各地区人口死亡率

数据来源：2017 年新疆统计年鉴及各市州统计年鉴、统计公报。

人口死亡率水平偏低的地区基本集中在新疆维吾尔自治区北部卫生资源配置相对较好、经济相对较发达的地区。而南疆等偏远地区由于卫生资源配置相对较差、经济较为落后等因素导致人口死亡率偏高，人口健康状况也较差。2016 年，新疆维吾尔自治区人口死亡率较高的地区大多数集中在西南部，而人口死亡率较低的地区大多数集中在新疆维吾尔自治区东北部。其中人口死亡率较低的地区主要有阿勒泰地区、哈密市和乌鲁木齐市，人口死亡率较高的地区主要有喀什地区、阿克苏地区与克孜勒苏柯尔克孜自治州。

二、空间相关性分析

通过莫兰指数分析新疆维吾尔自治区人口死亡率水平在空间分布上的特征，得到表 2－7 和表 2－8。

表 2－7　新疆 2005—2016 年人口死亡率的全局莫兰指数

年份	莫兰指数	年份	莫兰指数
2005	－0.0840	2011	0.2717
2006	0.0302	2012	0.2754
2007	0.3220	2013	－0.1977

续表

年份	莫兰指数	年份	莫兰指数
2008	-0.1237	2014	-0.2777
2009	-0.2808	2015	-0.2142
2010	-0.1994	2016	0.1991

数据来源：根据2006—2017年历年新疆统计年鉴主要数据计算得出。

表2-8　新疆的局部莫兰指数及其显著性水平和关联类型

年份	地区	局部莫兰指数	显著性水平	关联类型
2005	乌鲁木齐市 吐鲁番市	1.1741 0.4948	0.028 0.046	L-L L-L
2006	—	—	—	—
2007	塔城地区 伊犁哈萨克自治州 阿克苏地区 喀什地区 和田地区	0.3198 0.0584 -0.0584 1.2398 1.0356	0.022 0.028 0.002 0.010 0.026	L-L L-L L-H H-H H-H
2008	—	—	—	—
2009	伊犁哈萨克自治州	-0.6535	0.034	H-L
2010	克孜勒苏柯尔克孜自治州	-0.9816	0.048	L-H
2011	克孜勒苏柯尔克孜自治州 阿克苏地区 和田地区	-1.0986 0.7431 1.7530	0.018 0.014 0.004	L-H H-H H-H
2012	克孜勒苏柯尔克孜自治州 吐鲁番市	2.1453 -0.4281	0.038 0.016	H-H H-L
2013	塔城地区 阿勒泰地区 乌鲁木齐市 哈密市 巴音郭楞蒙古自治州 克孜勒苏柯尔克孜自治州 阿克苏地区 喀什地区 和田地区	-0.0031 -0.0317 -1.1830 -0.4472 -0.0405 -0.0040 -0.0281 0.1313 0.0047	0.016 0.002 0.002 0.002 0.002 0.002 0.038 0.008 0.016	L-H L-H L-H L-H L-H L-H H-L H-H H-H

续表

年份	地区	局部莫兰指数	显著性水平	关联类型
2014	塔城地区 巴音郭楞蒙古自治州 阿勒泰地区 乌鲁木齐市 吐鲁番市 哈密市 和田地区	0.1018 0.0548 -0.8156 -1.5811 0.0508 0.0688 -0.0933	0.002 0.002 0.002 0.002 0.002 0.002 0.020	H-H H-H L-H L-H L-H L-H L-H
2015	—	—	—	—
2016	克孜勒苏柯尔克孜自治州 和田地区	0.8770 -0.5435	0.018 0.012	H-H L-H

数据来源：根据2006—2017年历年新疆统计年鉴及各市州统计年鉴、统计公报主要数据计算得出。

由表2-7和表2-8可知，新疆维吾尔自治区人口死亡率一共有四种空间集聚类型，喀什地区在2005—2016年始终为“高—高”集聚模式，从2005年到2016年，新疆维吾尔自治区各地区的空间关联模式一直在发生变化。2007年，只有阿克苏地区为“低—高”集聚模式，其他均为不显著。2010年，关联模式发生变化，新疆维吾尔自治区克孜勒苏柯尔克孜自治州为“低—高”集聚模式，2016年，克孜勒苏柯尔克孜自治州变为“高—高”集聚模式，和田地区为“低—高”集聚模式。

三、人口健康差异测度

本书利用基尼系数和泰尔指数对新疆维吾尔自治区的人口健康进行差异测度，结果如表2-9与图2-9所示。

表2-9　2005—2016年新疆人口死亡率基尼系数与泰尔指数

年份	基尼系数	泰尔指数	年份	基尼系数	泰尔指数
2005	0.1635	0.0425	2011	0.1163	0.0212
2006	0.1542	0.0398	2012	0.2852	0.1492
2007	0.1281	0.0305	2013	0.1232	0.0293

续表

年份	基尼系数	泰尔指数	年份	基尼系数	泰尔指数
2008	0. 2009	0. 0775	2014	0. 1583	0. 0472
2009	0. 1897	0. 0628	2015	0. 1936	0. 0684
2010	0. 1394	0. 0316	2016	0. 1916	0. 0621

数据来源：根据2006—2017年历年新疆统计年鉴主要数据计算得出。

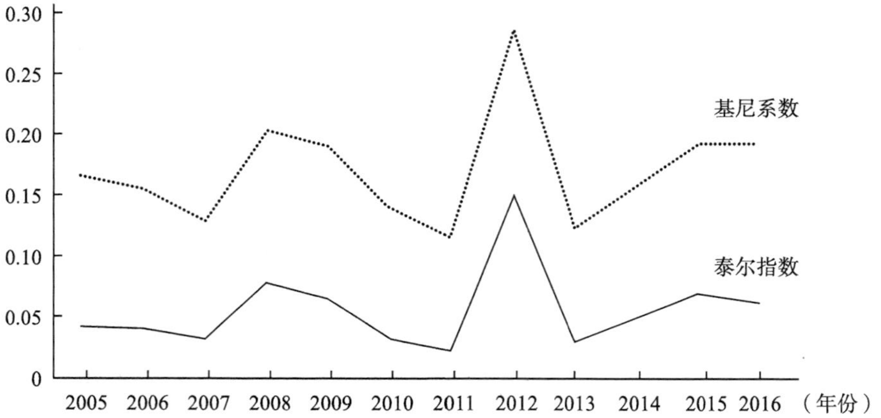

图2－9　2005—2016年新疆人口死亡率基尼系数与泰尔指数变化趋势

数据来源：根据2006—2017年历年新疆统计年鉴主要数据计算得出。

根据表2－9和图2－9可知，新疆维吾尔自治区人口死亡率水平的基尼系数值在0. 1～0. 3波动，泰尔指数值在0～0. 2波动，较为均衡，说明新疆维吾尔自治区各地区的人口健康状况水平差异性不大，但是相比较甘肃省和陕西省来说，新疆维吾尔自治区的差异仍然较大。新疆维吾尔自治区人口死亡率水平在2005—2016年波动较大，尤其在2011—2013年，人口死亡率水平出现较大的变化幅度，这可能与地理环境、气候条件以及该地区的医疗卫生水平等有一定关系。

第四节　丝路沿线三省区基本发展状况比较

一、丝路沿线三省区人口健康状况比较

对甘、陕、新三省区的人口健康状况在省级层面上进行宏观比较，进而了解三省区的基本发展情况。本书首先对三省区的人口死亡率水平进行对比，并做出图2－10：

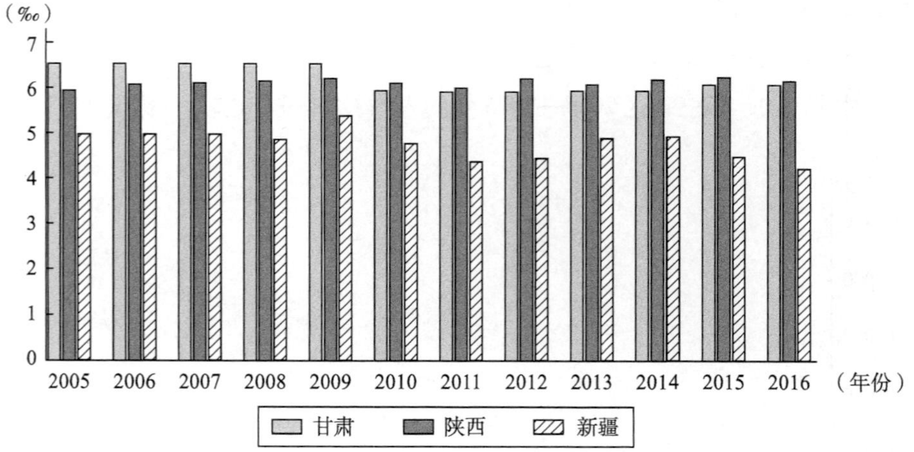

图2－10　2005—2016年甘、陕、新三省区人口死亡率水平

数据来源：2006—2017年历年甘肃、陕西、新疆统计年鉴。

根据图2－10可以看出，甘、陕、新三省区的人口死亡率水平总体呈现微小的下降趋势，其中，新疆维吾尔自治区的人口死亡率水平相对于甘肃省和陕西省来说明显偏低，甘肃省在2005—2009年人口死亡率水平在三省区中最高，其次是陕西省。从2010年开始，甘肃省人口死亡率水平出现较明显的下降趋势，并且低于陕西省，陕西省在三省区中人口死亡率水平最高。从图2－10可以看出，人口健康分布存在明显的地区差异。新疆维吾尔自治区地域

辽阔，人口密度显著偏低，各地州人口分布与人口密度差异悬殊，属于地广人稀的地区，而陕西省和甘肃省相对新疆维吾尔自治区来说人口密度偏大，因而新疆维吾尔自治区的人口死亡率水平也明显偏低。

二、丝路沿线三省区经济发展比较

人均 GDP 指标是人们了解和把握一个国家或地区的宏观经济运行状况的有效工具，它是一个重要的宏观经济指标。经济发展水平对一个地区的交通、医疗卫生、基础公共设施等具有重要的作用，因此也对一个地区的人口健康发展产生重要的影响，一个地区的经济发展状况也会对该地区的人口健康现状做出一定的解释。本书利用人均 GDP 指标来表示三省区的经济发展水平，对三省区的经济发展基本现状进行定量的描述。

对甘、陕、新三省区 2005—2016 年的人均 GDP 进行比较，做出图 2－11：

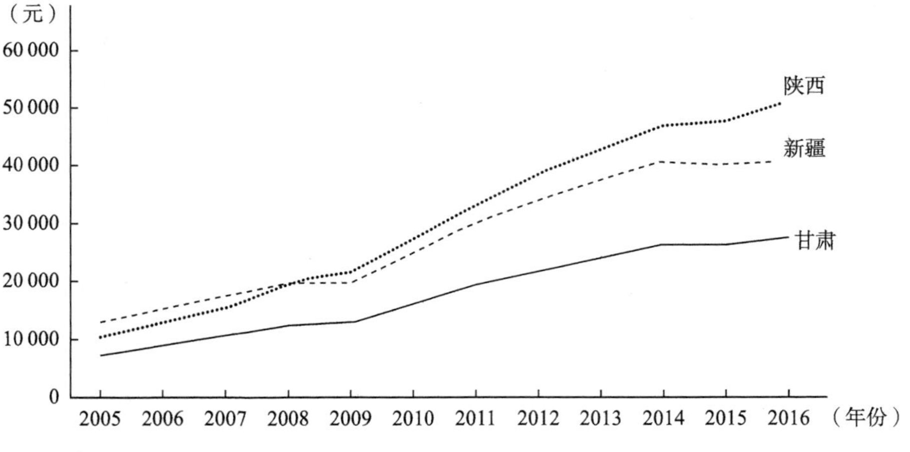

图 2－11　2005—2016 年甘、陕、新三省区人均 GDP 变化趋势

数据来源：2006—2017 年历年甘肃、陕西、新疆统计年鉴。

根据图 2－11，从时间上来看，甘肃省、陕西省与新疆维吾尔自治区经济发展水平在 2005 年到 2016 年总体上都呈现出明显上升的趋势。2009 年属于经济发展的一个过渡点，从 2009 年开始，甘、陕、新三省区的经济发展速度明显加快。从地理上来看，陕西省的经济发展水平相对较为突出，其经济发展速度显著优于甘肃省和新疆维吾尔自治区，而甘肃省的经济发展速度最慢。总体来说，受地理位置、气候条件等因素限制，甘肃省、陕西省与新疆维吾尔自治区的经济发展水平在全国的排名都比较靠后，但甘、陕、新三省区的人均 GDP 在这 12 年间都在提高并持续发展，社会财富的增加有利于医疗卫生事业进一步发展，进而促进人口健康状况的改善。

三、丝路沿线三省区医疗供给资源比较

每万人医疗卫生机构数、每万人卫生机构床位数等属于医疗卫生指标，它们在一定程度上可以反映一个地区的医疗卫生机构规模、卫生服务能力与水平等。医疗卫生水平在全国不同地区是有差异的，如果将我国分为东部、中部和西部三个地区，那么医疗卫生水平由东部到中部再到西部在依次递减，其中西北部地区的医疗卫生水平明显低于全国平均水平。而甘肃省、陕西省和新疆维吾尔自治区都位于我国的西北部地区，三省区的医疗卫生水平在全国排名都比较靠后。

对三省区 2005—2016 年的每万人医疗卫生机构数与每万人卫生机构床位数指标的发展水平与变化趋势进行对比，做出图 2－12 与图 2－13：

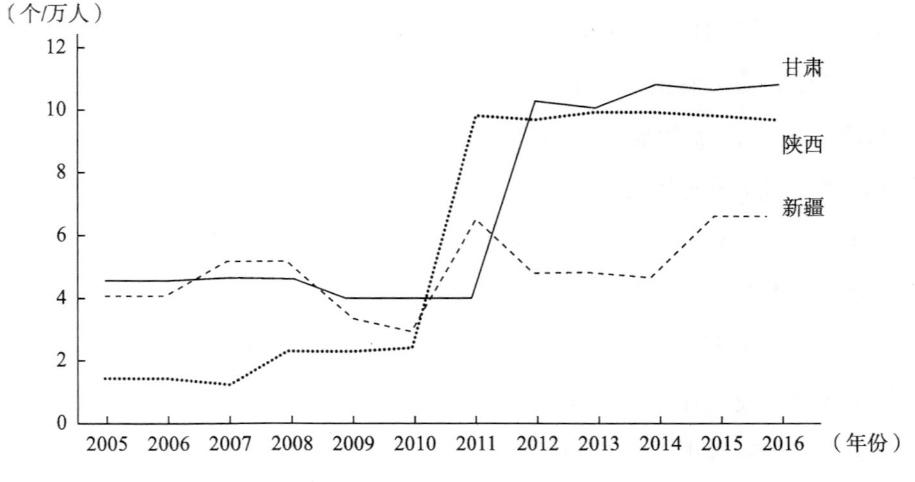

图 2－12　2005—2016 年甘、陕、新三省区每万人医疗卫生机构数变化趋势

数据来源：根据 2006—2017 年历年甘肃、陕西、新疆统计年鉴主要数据计算得出。

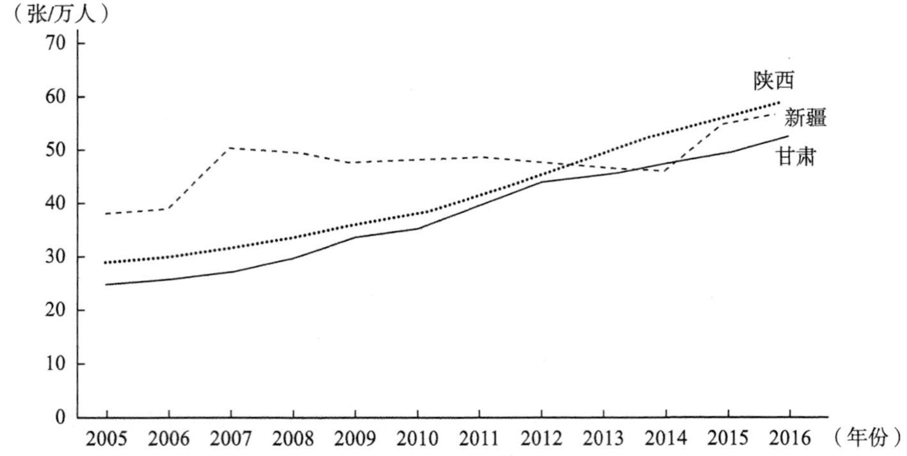

图 2－13　2005—2016 年甘、陕、新三省区每万人卫生机构床位数变化趋势

数据来源：根据 2006—2017 年历年甘肃、陕西、新疆统计年鉴主要数据计算得出。

根据图 2－12 与图 2－13，甘、陕、新三省区的医疗水平在 2005—2016 年总体呈现上升趋势，说明甘肃省、陕西省与新疆维吾尔自治区的医疗水平在逐渐提升。其中每万人医疗卫生机构数指标在 2005—2010 年上升趋势缓慢，变化幅度较小，从 2010 年到 2012 年发生很大变化，每万人医疗卫生机构数有了大幅度的提升，2013 年之后，变化幅度重新变小，但总体处于上升趋势。从图中可以看出，甘肃省的这一指标优于陕西省和新疆维吾尔自治区，从 2012 年开始，新疆维吾尔自治区的每万人医疗卫生机构数显著低于甘肃省和陕西省，且上升速度缓慢。每万人卫生机构床位数指标在 2005—2016 年整体呈现逐步上升趋势，其中，新疆维吾尔自治区这一指标的变化幅度相对较大，甘肃省和陕西省的上升趋势相对平稳，发展较好。

医疗卫生水平与医疗服务的完善影响着一个地区的人口健康状况和患者的就医状况以及医疗人力资源的流向，而且如果医疗卫生水平差距过大，也会拉大人口健康水平差异。根据图 2－12 和图 2－13 可以发现，甘、陕、新三省区的医疗卫生水平在 2005—2016 年逐步发展，稳步提升，对于人口健康状况的改善具有非常重要的意义。

四、丝路沿线三省区社会发展比较

城镇化率即人口城市化，该指标可以探测一个地区城市与农村的规模比例，反映社会发展水平，因此城镇化水平是体现一个地区的社会经济发展水平的重要标志。本书用城镇化率表示社会发展水平。

对甘、陕、新三省区 2005—2016 年的城镇化率进行比较，做出图 2－14：

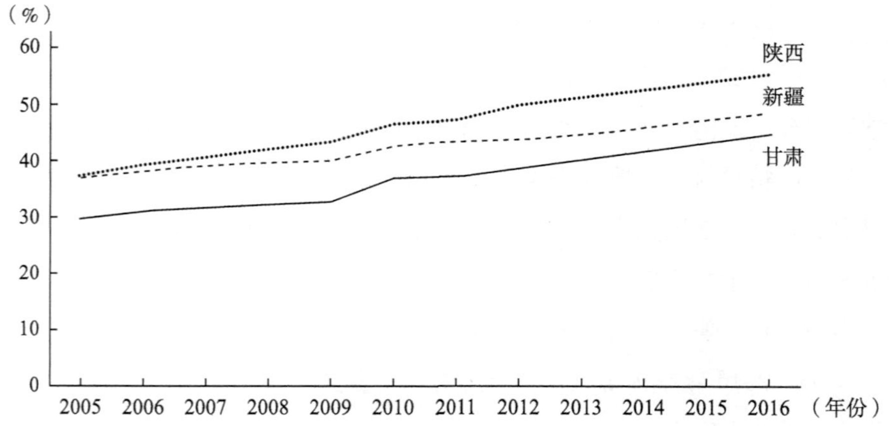

图 2－14　2005—2016 年甘、陕、新三省区城镇化率变化趋势

数据来源：2006—2017 年历年甘肃、陕西、新疆统计年鉴。

根据图 2－14，甘肃省、陕西省和新疆维吾尔自治区的城镇化水平总体呈现稳步上升的趋势，其中陕西省的城镇化水平最高，其次是新疆维吾尔自治区，最后是甘肃省，这说明三省区的社会发展水平在逐步提升。

第五节　本章小结

对甘、陕、新三省区的人口健康状况及其相关因素进行对比分析，得出以下结论：

第一，甘、陕、新三省区的健康状况在 2005—2016 年均有所改善，且陕西省人口死亡率常年保持在较低的水平，而健康状况在不同地区分布随时间的推移幅度较小。新疆维吾尔自治区不同地区人口死亡率水平随时间的推移幅度较大。

第二，无论是在人口健康状况还是在医疗供给水平上，新疆维吾尔自治区的基尼系数值整体都高于陕西省和甘肃省，即人口健康状况的差异性与医疗供给水平的差异性相对于陕西省和甘肃省来说都比较大。这说明新疆维吾尔自治区的人口健康水平与医疗供给发展水平并不均衡。

第三，由于甘、陕、新三省区的经济发展、社会发展与医疗卫生发展水平在不同的区域会有差异性，三省区的人口健康不仅出现差异，还出现一定的空间集聚性。例如，新疆维吾尔自治区的西南部为高人口死亡率集聚地区，东北部地区相对西南部地区来说为低人口死亡率集聚地区；陕西省南部地区相对中部和北部来说为高人口死亡率集聚地区；甘肃省东南部地区人口死亡率水平相对高于西北部地区。

第四，甘、陕、新三省区的健康水平、医疗卫生供给水平与经济发展水平在2005—2016年整体都处于上升趋势，并且上升趋势明显，陕西省的发展略优于另外两省区。

第三章　丝路沿线三省区健康扶贫效果测度

本章通过对村级的基本信息、区域环境以及村卫生医疗卫生设施进行分析，进一步深入了解丝路沿线三省区基层的健康扶贫工作情况。

第一节　村级健康扶贫状况

关于村级健康扶贫状况，主要从行政村贫困性质、健康扶贫帮扶措施以及帮扶目标重要程度三个方面进行分析，以对甘、陕、新三省区的健康扶贫工作在村级有比较清晰的认识。

一、行政村贫困性质

从表3－1可以看出，从贫困等级来看，总体上，有一半的受访行政村不是贫困村，22.9%的受访行政村属于县级贫困村，14.4%的受访行政村属于国家级贫困村，11.8%的受访行政村属于省级贫困村。从甘、陕、新三省区来看，除去不属于贫困村的部分，其中新疆维吾尔自治区与甘肃省的县级贫困村较多，分别占20.01%与31.3%，陕西省三种贫困等级的分布较平均；新疆维吾尔自治区的国家级贫困村占比12.5%，最少的是省级贫困村，占比只有5.0%；甘肃省国家级贫困村与省级贫困村占比分别为12.5%和14.6%。从所属地区来看，总体上，受访行政村最多的是少数民族地区，占比26.9%；其次是自然灾害频发区与生态脆弱及资源保护区，占比都为23.1%；之后为边疆地区与革命老区。从三省区来看，新疆维吾尔自治区的受访行政村主要为少数民族地区（83.8%）与边疆地区（48.6%）；甘肃省的受访行政村主要为生态脆弱及资源保护区（55.9%）与自然灾害频发区（50.0%）；陕西省的受访行政村主要为革命老区（50.0%）与自然灾害频发区（42.3%），这都属于地区差异。

表3－1　甘、陕、新三省区行政村贫困性质

	总体	新疆	甘肃	陕西
贫困等级	**（152）**	**（40）**	**（48）**	**（64）**
国家级	14.4	12.5	12.5	17.2
省级	11.8	5.0	14.6	14.1
县级	22.9	20.01	31.3	17.2
否	51.0	62.5	41.7	51.6
所属地区	**（134）**	**（37）**	**（34）**	**（26）**
少数民族地区	26.9	83.8	11.8	3.8
革命老区	12.7	0.0	8.8	50.0
边疆地区	14.2	48.6	0.0	3.8
自然灾害频发区	23.1	5.4	50.0	42.3
生态脆弱及资源保护区	23.1	2.7	55.9	38.5

注：括号内数据为样本数，其余数据为百分比。余同。

数据来源：2017年12月至2018年2月“健康扶贫与人口发展”专项调查。

二、行政村人口基本状况

从表3－2可以看出，截至2017年底，甘、陕、新三省区的行政村人口均值为1 808.94人，其中最多的是新疆维吾尔自治区（2 187.93人），其次是陕西省（1 721.77人），最少的是甘肃省（1 599.53人）。而其中，三省区的男女比例总体是女性比男性多，但是新疆维吾尔自治区的男性占总体的50.32%，陕西省和甘肃省行政村的男性占总体人数的比例低于50%。是否有大姓或大家族在三省区中存在显著差异，总体上有超过六成的行政村都有大姓或大家族。其中最多的属陕西省，有73.4%的行政村有大姓或大家族，其次是甘肃省（62.2%），而新疆维吾尔自治区只有37.5%的行政村有大姓或大家族，这与三省区的村民民族特性、生活环境和习惯、繁衍生存史有极大关系。2017 年村民人均年收入达到 10 638.08 元，其中最高的为新疆维吾尔自治区，村民人均年收入达到 14 919.26 元，其次是陕西省，村民人均年收入达到11 940.93元，最低的为甘肃省，村民人均年收入只有总体均值的一半。

表 3－2　甘、陕、新三省区行政村人口基本状况

	总体	新疆	甘肃	陕西	LR/T 检验
2017 年底总人口数	(148)	(40)	(47)	(61)	*
均值（人）	1 808.94	2 187.93	1 599.53	1 721.77	
2017 年底男性人口占比	(135)	(34)	(46)	(55)	
均值占比	48.11	50.32	46.39	48.19	
是否有大姓或大家族	(149)	(40)	(45)	(64)	***
是	60.4	37.5	62.2	73.4	
否	39.6	62.5	37.8	26.6	
2017 年村民人均年收入	(146)	(38)	(47)	(61)	*
均值（元）	10 638.08	14 919.26	5 485.74	11 940.93	

注：*** 表示 $P<0.001$，** 表示 $P<0.01$，* 表示 $P<0.05$，+表示 $P<0.1$，ns 表示不显著。
数据来源：2017 年 12 月至 2018 年 2 月“健康扶贫与人口发展”专项调查。

三、行政村区域环境

从表 3－3 可以看出，总体上 64.2% 的村民家庭已通自来水，19.6% 的村民家庭做饭用水是井水，10.1% 的村民家庭做饭用水是江、河、湖、溪、泉水。其中，新疆维吾尔自治区村民家庭通自来水的比例（75.0%）超过总体均值，陕西省的这一比例是 62.9%，甘肃省最低，为 56.5%。只有甘肃省还存在家庭做饭用窖水的现象，所占比例为 10.9%。总体上，家庭做饭主要燃料在三省区中存在显著差异，最主要的燃料是柴草（46.0%）和煤炭（34.5%）。其中，新疆维吾尔自治区家庭做饭主要燃料是煤炭（60.0%）、柴草（17.5%）、煤气（10.0%）；甘肃省主要是柴草（52.2%）、煤炭（34.8%）；陕西省主要是柴草（59.7%）、煤炭（17.7%）、电（11.3%）。生活垃圾处理方式主要是垃圾车定期运走处理（42.6%），集中处理垃圾占

71.6%，不集中处理占28.4%，这说明垃圾污染在甘、陕、新三省区还是比较严重的。其中，新疆维吾尔自治区集中处理垃圾占83.3%，陕西省集中处理垃圾占76.6%，最低的为甘肃省，只有55.1%的行政村集中处理垃圾，这预示甘肃省下一步应该重视对于垃圾的集中处理防治。对于距离村居委会办公室方圆“5公里”范围内是否有造纸厂等高污染企业这个问题，总体上只有8.6%的行政村有，其中陕西省（4.8%）最低，其次是甘肃省（10.2%），最高的属新疆维吾尔自治区（12.2%）。虽然企业在一定程度上能够解决部分村居劳动人口的就业问题，但高污染企业对于行政村的环境有着极其重要的影响，应该控制高污染企业的数量，并且对于高污染企业的地址选取应该重点考虑。

表3-3　甘、陕、新三省区行政村区域环境

	总体	新疆	甘肃	陕西	LR/T检验
家庭做饭用水水源	**(148)**	**(40)**	**(46)**	**(62)**	*
江、河、湖、溪、泉水	10.1	7.5	13.0	9.7	
井水	19.6	12.5	17.4	25.8	
自来水	64.2	75.0	56.5	62.9	
雨水	1.4	0.0	2.2	1.6	
窖水	3.4	0.0	10.9	0.0	
其他	1.4	5.0	0.0	0.0	
家庭做饭主要燃料	**(129)**	**(33)**	**(42)**	**(54)**	***
柴草	46.0	17.5	52.2	59.7	
煤炭	34.5	60.0	34.8	17.7	
太阳能	4.1	7.5	4.3	1.6	
煤气（液化气）	6.1	10.0	2.2	6.5	
天然气	2.0	2.5	0.0	3.2	
电	6.8	0.0	6.5	11.3	
其他	0.7	2.5	0.0		
生活垃圾处理方式	**(155)**	**(42)**	**(49)**	**(64)**	**
有组织地倒入附近河中冲走	4.4	4.8	6.1	3.2	

续表

	总体	新疆	甘肃	陕西	LR/T 检验
有组织地本地填埋	16.1	14.3	18.4	15.6	
有组织地焚烧	8.4	16.7	8.2	3.1	
垃圾车定期运走处理	42.6	47.6	22.4	54.7	
不集中处理	28.4	16.7	44.9	23.4	
5 公里范围内是否有高污染企业	**(152)**	**(41)**	**(46)**	**(62)**	ns
是	8.6	12.2	10.2	4.8	
否	91.4	87.8	89.8	95.2	

注：*** 表示 $P<0.001$，** 表示 $P<0.01$，* 表示 $P<0.05$，+ 表示 $P<0.1$，ns 表示不显著。
数据来源：2017 年 12 月至 2018 年 2 月“健康扶贫与人口发展”专项调查。

四、行政村健康扶贫帮扶措施

从表 3－4 可以看出，从建档立卡贫困户数来看，甘、陕、新三省区存在明显差异。新疆维吾尔自治区受访行政村的建档立卡贫困户数（151.18 户）高于总体均值（80.19 户），而甘肃省、陕西省两省低于总体均值，分别为 68.09 户和 45.08 户。从 2017 年底因病致贫、因病返贫人数来看，甘、陕、新三省区也存在明显差异。其中，新疆维吾尔自治区受访行政村平均因病致贫、因病返贫人数为 148.36 人，明显高于三省区平均人数 82.57 人；其次是甘肃省，受访行政村平均因病致贫、因病返贫人数为 72.29 人；最低的是陕西省，受访行政村平均因病致贫、因病返贫人数为 50.35 人。

从帮扶措施医疗保障来看，三省区参加新农合人数比例总体为 87.56%，其中比例最高的是陕西省，占比达到 90.08%；其次是甘肃省，占比达到 86.00%；最低是新疆维吾尔自治区，占比为 85.07%。关于行政村是否有村卫生室，总体上，有 91.8% 的受访行政村有村卫生室，8.2% 的受访行政村还未建立村卫生室。从三省区来看，甘肃和陕西两省受访行政村有村卫生室占比都高于三省区总体占比（91.8%），分别为 93.6% 和 92.2%，新疆维吾尔自治区受访行政村有村卫生室占比低于三省区总体占比，占比为 88.9%。

表 3－4　甘、陕、新三省区行政村健康扶贫帮扶措施

	总体	新疆	甘肃	陕西	LR/T 检验
建档立卡贫困户数	**(145)**	**(38)**	**(46)**	**(61)**	***
均值（户）	80.19	151.18	68.09	45.08	
截至 2017 年底，因病致贫、因病返贫人数	**(129)**	**(33)**	**(42)**	**(54)**	***
均值（人）	82.57	148.36	72.29	50.35	
参加新农合比例	**(143)**	**(37)**	**(46)**	**(60)**	*
均值	87.56	85.07	86.00	90.08	
是否有村卫生室	**(147)**	**(36)**	**(47)**	**(64)**	***
是	91.8	88.9	93.6	92.2	
否	8.2	11.1	6.4	7.8	
是否实施农村改厕项目	**(153)**	**(41)**	**(48)**	**(64)**	**
是	41.2	53.7	25.0	45.3	
否	58.8	46.3	75.0	54.7	
是否实施农村饮水安全巩固提升工程	**(152)**	**(41)**	**(47)**	**(64)**	***
是	71.1	82.9	57.4	73.4	
否	28.9	17.1	42.6	26.6	

注：*** 表示 P<0.001，** 表示 P<0.01，* 表示 P<0.05，+表示 P<0.1，ns 表示不显著。
数据来源：2017 年 12 月至 2018 年 2 月“健康扶贫与人口发展”专项调查。

从帮扶措施健康环境改善来看，对于是否实施农村改厕项目，总体上超过一半的行政村都没有实施。从甘、陕、新三省区来看，新疆维吾尔自治区和陕西省实施过农村改厕项目高于总体均值（41.2%），分别占比 53.7% 和 45.3%，甘肃省受访行政村只有 25.0% 实施过农村改厕项目，远低于总体均值。对于是否实施农村饮水安全巩固提升工程，总体上有 71.1% 的行政村实施过该项措施，其中新疆维吾尔自治区和陕西省实施过农村饮水安全巩固提升工程高于总体均值，分别占比 82.9% 和 73.4%，甘肃省受访行政村只有 57.4% 实施过农村饮水安全巩固提升工程。

五、行政村健康扶贫帮扶目标重要程度

从表3－5可以看出，对于“本村2017年度健康扶贫工作中最重要的帮扶目标是，重要程度最多选三项”问题，总体上选择比例较高的三项为新农合全面覆盖贫困人口（81.8%）、村卫生所标准化建设（42.9%）、贫困家庭与乡村医生签约服务（35.1%）；其次为传播健康教育知识（28.6%）、农村饮水安全巩固提升工程（24.0%）、传染病专病专防（21.4%）；低于20%的扶贫工作为孕产妇住院分娩补助（17.5%）、农村妇女“两癌”检查（16.9%）、农村卫生厕所改造（15.6%）。从三省区来看，新疆维吾尔自治区选择比例较高的三项为新农合全面覆盖贫困人口（85.4%）、传播健康教育知识（41.5%）、村卫生所标准化建设（34.1%）；甘肃省选择比例较高的三项为新农合全面覆盖贫困人口（77.1%）、村卫生所标准化建设（41.7%）、贫困家庭与乡村医生签约服务（35.4%）；陕西省选择比例较高的三项为新农合全面覆盖贫困人口（82.8%）、村卫生所标准化建设（50.0%）、贫困家庭与乡村医生签约服务（37.5%）。

表3－5　行政村健康扶贫帮扶目标重要程度

	总体	新疆	甘肃	陕西	LR/T检验
扶贫工作目标	(153)	(41)	(48)	(64)	***
新农合全面覆盖贫困人口	81.8	85.4	77.1	82.8	
贫困家庭与乡村医生签约服务	35.1	31.7	35.4	37.5	
传染病专病专防	21.4	17.1	27.1	20.3	
孕产妇住院分娩补助	17.5	17.1	20.8	15.6	
农村妇女“两癌”检查	16.9	17.1	12.5	20.3	
村卫生所标准化建设	42.9	34.1	41.7	50.0	
农村卫生厕所改造	15.6	12.2	14.6	17.2	
农村饮水安全巩固提升工程	24.0	26.8	18.8	25.0	
传播健康教育知识	28.6	41.5	31.3	18.8	

注：***表示 $P<0.001$，**表示 $P<0.01$，*表示 $P<0.05$，+表示 $P<0.1$，ns表示不显著。
数据来源：2017年12月至2018年2月“健康扶贫与人口发展”专项调查。

六、小结

总体上，有一半的受访行政村贫困等级是非贫困村，而在贫困村中贫困等级最多的是县级贫困村，其次是国家和省级贫困村。从三省区来看，新疆维吾尔自治区与甘肃省最多的是县级贫困村，陕西省三种贫困等级的分布较均匀。从所属地区来看，总体上，受访行政村最多的是少数民族地区，其次是自然灾害频发区与生态脆弱及资源保护区，之后为边疆地区与革命老区。从三省区来看，新疆维吾尔自治区的受访行政村主要为少数民族地区、边疆地区，甘肃省的受访行政村主要为生态脆弱及资源保护区、自然灾害频发区，陕西省的受访行政村主要为革命老区与自然灾害频发区，这都属于地区差异。甘、陕、新三省区的男女比例总体是女性比男性多，但其中新疆维吾尔自治区男性人口数大于女性人口数。是否有大姓或大家族在三省区中存在显著差异，总体上有超过六成的行政村都有。其中陕西省和甘肃省都是超过六成的行政村有大姓或大家族，而新疆维吾尔自治区只有少部分的行政村有大姓或大家族，这与三省区的村民民族特性、生活环境和习惯、繁衍生存史有极大关系。

在区域环境中，总体上超过六成的村民家庭已通自来水，其他家庭做饭用水是井水和江、河、湖、溪、泉水，其中新疆维吾尔自治区村民家庭通自来水的比例超过总体均值，只有甘肃省还存在生火做饭用窖水的现象。总体上，家庭做饭主要燃料在三省区中存在显著差异，最主要的燃料是柴草和煤炭。甘、陕、新三省区中生活垃圾处理方式中，集中处理垃圾占71.6%，不集中处理占28.4%。其中新疆维吾尔自治区、陕西省集中处理垃圾都超过七成，而甘肃省只有一半行政村集中处理垃圾，这预示甘肃省下一步应该重视对于垃圾的集中处理防治。对于距离村居委会办公室方圆“5公里”范围内，是否有造纸厂等高污染企业这个问题总体上只有8.6%的行政村有，其中新疆维吾尔自治区最多。虽然企业在一定程度上能够解决部分村居劳动人口的就业问题，但高污染企业对于行政村的环境有着极其重要的影响，应该控制高污染企业的数量，对污染企业的排放污染做优化处理。

三省区中新疆维吾尔自治区受访行政村的建档立卡贫困户数最多，是甘肃、陕西两省的两倍以上。从2017年底因病致贫、因病返贫人数来看，甘、陕、新三省区也存在明显差异。其中，新疆受访行政村平均因病致贫、因病返贫人数明显高于三省区平均人数，其次是甘肃省，最低的是陕西省。甘、陕、新三省区参加新农合人数比例最高的是陕西省，其次是甘肃省，最低的是新疆维吾尔自治区。总体上，甘、陕、新三省区的村卫生室占比都较高，没有很大差异。从帮扶措施健康环境改善来看，对于是否实施农村改厕项目，总体上超过一半的行政村都没有实施。从甘、陕、新三省区来看，新疆维吾尔自治区和陕西省实施过农村改厕项目高于总体均值，甘肃省受访行政村实施过农村改厕项目远低于总体均值。对于是否实施农村饮水安全巩固提升工程，新疆维吾尔自治区和陕西省实施过农村饮水安全巩固提升工程高于总体均值，甘肃省受访行政村只有一半多实施过农村饮水安全巩固提升工程。对于“本村2017年度健康扶贫工作中最重要的帮扶目标是，重要程度最多选三项”问题，总体上选择比例较高的三项为新农合全面覆盖贫困人口、村卫生所标准化建设、贫困家庭与乡村医生签约服务。从三省区来看，新疆维吾尔自治区选择比例较高的三项为新农合全面覆盖贫困人口、传播健康教育知识、村卫生所标准化建设；甘肃省选择比例较高的三项为新农合全面覆盖贫困人口、村卫生所标准化建设、贫困家庭与乡村医生签约服务；陕西省选择比例较高的三项为新农合全面覆盖贫困人口、村卫生所标准化建设、贫困家庭与乡村医生签约服务。

第二节　村级卫生室现状

村级卫生室是农村公共卫生的基层与距离农村人口最近的卫生机构，承担了农村基本医疗与公共卫生健康的大部分工作。本节对甘、陕、新三省区村卫生室卫生人员构成、卫生人员教育培训、基础设施和医疗服务四方面进行分析，以了解村卫生供需情况。

一、卫生人员构成

从表3－6可以看出，从村卫生室卫生人员数量来看，总体上村卫生室平均有1.84个卫生人员，其中新疆维吾尔自治区村卫生室的卫生人员数（3.15人）明显高于平均值，甘肃和陕西两省村卫生室卫生人员数都低于平均值，分别为1.39个和1.48个。从卫生人员性别来看，总体有75.0%的卫生人员是男性，有25.0%的卫生人员是女性。从甘、陕、新三省区来看，新疆维吾尔自治区卫生人员的性别比较均衡，甘肃、陕西两省都是男性明显高于女性，甘肃省村卫生室卫生人员男性占比接近90%，陕西省村卫生室卫生人员男性占比接近80%。从卫生人员学历来看，总体上，学历为高中（含中专和中技）的占比最大，达到49.7%，其次为大专（32.9%）、初中（14.7%）。从甘、陕、新三省区来看，新疆维吾尔自治区有超过一半的卫生人员学历为高中（含中专和中技），其次为大专（27.7%）、初中（17.0%），小学及以下与本科及以上的人数极少；甘肃省村卫生人员学历占比最高的是高中（含中专和中技），达到45.9%，其次为大专（37.7%）、初中（14.8%）；陕西省村卫生人员学历占比最高的是高中（含中专和中技），达到51.4%，其次为大专（31.4%）、初中（11.4%）。从卫生人员拥有资格证来看，总体上65.5%的卫生人员拥有乡村医师执业资格证书，但还是有6.2%的卫生人员没有任何资格证。从甘、陕、新三省区来看，新疆维吾尔自治区村卫生室卫生人员拥有资格证最多的为乡村医师执业资格证书（60.0%），其次为执业医师（20.0%）、执业医师助理（14.3%），还有5.7%的卫生人员没有资格证；甘肃省村卫生室卫生人员拥有资格证最多的为乡村医师执业资格证书（72.3%），其他的占比都在10%以下；陕西省村卫生室卫生人员拥有资格证最多的为乡村医师执业资格证书（63.5%），其次为执业医师助理（15.9%），其他的占比都在10%以下。从参加工作年限来看，总体上，平均参加工作年限为17.80年，其中新疆维吾尔自治区卫生人员参加工作年限（12.37年）明显低于平均值，甘肃、陕西两省都高于平均值，分别为19.40年、19.72年。

表 3－6　甘、陕、新三省区村卫生室卫生人员构成

	总体	新疆	甘肃	陕西	LR/T 检验
卫生人员数量	**(144)**	**(35)**	**(46)**	**(63)**	***
均值（个）	1.84	3.15	1.39	1.48	
卫生人员性别	**(264)**	**(110)**	**(64)**	**(90)**	***
男	75.0	51.4	87.2	79.0	
女	25.0	48.6	12.8	21.0	
卫生人员年龄	**(264)**	**(110)**	**(64)**	**(90)**	*
均值（岁）	44.47	39.17	46.26	46.13	
卫生人员学历	**(264)**	**(110)**	**(64)**	**(90)**	***
小学及以下	1.4	2.1	1.6	0.0	
初中	14.7	17.0	14.8	11.4	
高中（含中专和中技）	49.7	53.2	45.9	51.4	
大专	32.9	27.7	37.7	31.4	
本科及以上	1.4	0.0	0.0	5.7	
拥有资格证	**(264)**	**(110)**	**(64)**	**(90)**	***
执业医师助理	13.1	14.3	8.5	15.9	
执业医师	11.7	20.0	8.5	9.5	
乡村医师执业资格	65.5	60.0	72.3	63.5	
没有	6.2	5.7	6.4	6.3	
参加工作年限	**(264)**	**(110)**	**(64)**	**(90)**	***
均值（年）	17.80	12.37	19.40	19.72	

注：*** 表示 $P<0.001$，** 表示 $P<0.01$，* 表示 $P<0.05$，+ 表示 $P<0.1$，ns 表示不显著。
数据来源：2017 年 12 月至 2018 年 2 月“健康扶贫与人口发展”专项调查。

二、卫生人员教育培训

从表 3－7 可以看出，从近一年培训次数来看，总体上卫生人员培训次数一年 1 次、一年 2 次和一年 5 次及以上的占比一样，都是 25.2%，其次为一年 3 次（11.2%）、一年 4 次（7.0%），还有 6.3% 的卫生人员没参加过培训。从甘、陕、新三省区来看，新疆维吾尔自治区村卫生室卫生人员培训次

数占比最高的为一年5次及以上（38.25%），其他培训次数占比都在20%以下；甘肃省村卫生室卫生人员培训次数占比最高的为一年1次（38.3%），其次为一年2次（31.9%），仅有2.1%的卫生人员没参加过培训；陕西省村卫生室卫生人员培训次数一年1次、一年2次和一年5次及以上的占比分别为22.6%、25.8%、27.4%，有6.5%的卫生人员没参加过培训。从培训内容来看，传染病、妇幼保健、业务知识培训、业务法规培训、计划免疫培训、急诊急救培训都有超过70%的卫生人员参加培训；血防培训的比例是43.3%。从培训方式来看，去医院培训占比最高，达到88.4%；其次为去培训班培训，达到45.7%；最低为网上培训，占比36.4%。从甘、陕、新三省区来看，新疆维吾尔自治区村卫生室卫生人员培训方式最多为去医院培训，达到87.1%；其次为去培训班培训，达到51.6%；甘肃省村卫生室超过九成的卫生人员去医院培训，有59.5%的卫生人员去培训班培训；陕西省村卫生室有87.5%的卫生人员去医院培训，有48.2%的卫生人员在网上培训。

表3－7　甘、陕、新三省区村卫生室卫生人员教育培训

	总体	新疆	甘肃	陕西	LR/T 检验
近一年培训次数	(143)	(34)	(47)	(62)	***
一年1次	25.2	11.8	38.3	22.6	
一年2次	25.2	14.7	31.9	25.8	
一年3次	11.2	11.8	8.5	12.9	
一年4次	7.0	11.8	6.4	4.8	
一年5次及以上	25.2	38.2	12.8	27.4	
没参加过	6.3	11.8	2.1	6.5	
培训内容	(143)	(34)	(47)	(62)	***
传染病	86.6	84.4	87.7	87.5	
妇幼保健	87.3	91.1	87.7	81.3	
业务知识培训	85.1	84.4	86.0	84.4	
业务法规培训	76.9	82.2	71.9	78.1	
计划免疫培训	83.6	82.2	86.0	81.3	

续表

	总体	新疆	甘肃	陕西	LR/T 检验
血防培训	43.3	37.8	43.9	50.0	
急诊急救培训	82.1	80.0	82.5	84.4	
培训方式	**(143)**	**(34)**	**(47)**	**(62)**	***
网上培训	36.4	25.8	28.6	48.2	
去医院培训	88.4	87.1	90.5	87.5	
去培训班培训	45.7	51.6	59.5	32.1	

注：*** 表示 $P<0.001$，** 表示 $P<0.01$，* 表示 $P<0.05$，+ 表示 $P<0.1$，ns 表示不显著。
数据来源：2017 年 12 月至 2018 年 2 月“健康扶贫与人口发展”专项调查。

三、卫生室基础设施

健康扶贫村卫生基础设施建设的要求是每个行政村建有 1 所面积不低于 60 平方米的标准化村卫生室。从表 3－8 可以看出，总体上甘、陕、新三省区平均值都在 60 平方米以上，但还是有 41.0% 的村卫生室的面积小于 60 平方米。其中甘肃省所占比例最高，超过一半的村卫生室没有达到标准；其次是新疆维吾尔自治区，占比为 40%；相比较而言，陕西省做得较好。标准卫生室有四室，即预防保健室、治疗室、药房和诊断室，从表 3－8 可以看出，有超过七成的村卫生室存在四室，其中药房的比例最高。有将近 60% 的村卫生室四室未分开，其中甘肃省分开比例最高，达到 58.7%；其次是新疆维吾尔自治区，达到 40%；最低的是陕西省，只有 27.6%。从村卫生室覆盖范围来看，达到最高的是 1～2 公里，其次是 4～5 公里，5 公里及以上的有 13.8%。新疆维吾尔自治区地域辽阔，5 公里及以上占 20.0%，其次是陕西省，达到 12.7%，最低的是甘肃省，达到 10.6%。

表 3－8　甘、陕、新三省区村卫生室基础设施

	总体	新疆	甘肃	陕西	LR/T 检验
卫生室面积	**(134)**	**(30)**	**(46)**	**(58)**	***
小于 60 平方米	41.0	40.0	58.7	27.6	

续表

	总体	新疆	甘肃	陕西	LR/T 检验
大于 60 平方米	59.0	60.0	41.3	72.4	
均值（平方米）	92.30	118.43	81.98	86.97	
是否有以下科室	**(134)**	**(30)**	**(46)**	**(58)**	*
预防保健室	71.4	62.2	54.8	71.4	
治疗室	74.3	77.8	79.0	74.3	
药房	91.4	93.3	93.5	91.4	
诊断室	71.4	91.1	93.5	71.4	
四室是否分开	**(143)**	**(34)**	**(47)**	**(62)**	***
是	41.0	40.0	58.7	27.6	
否	59.0	60.0	41.3	72.4	
覆盖范围	**(143)**	**(34)**	**(47)**	**(62)**	***
不足 1 公里	16.6	17.1	12.8	19.0	
1～2 公里	26.2	34.3	23.4	23.8	
2～3 公里	15.2	8.6	10.6	22.2	
3～4 公里	9.7	8.6	12.8	7.9	
4～5 公里	18.6	11.4	29.8	14.3	
5 公里及以上	13.8	20.0	10.6	12.7	

注：*** 表示 $P<0.001$，** 表示 $P<0.01$，* 表示 $P<0.05$，+ 表示 $P<0.1$，ns 表示不显著。
数据来源：2017 年 12 月至 2018 年 2 月“健康扶贫与人口发展”专项调查。

四、卫生室医疗服务

从表 3－9 可以看出，总体上村卫生室每天诊疗人次 6～10 人的占比最多，超过一半；其次是 11～20 人，达到 29.4%。甘、陕、新三省区每天诊疗人次之间没有较大差异，每天都有超过 5 人就诊，这就说明村卫生室对居民的重要性，对于一些头痛感冒的轻微症状都是很有必要的。村卫生室的每天服务时长，甘、陕、新三省区的村级卫生室每天平均都会开放 12.2 小时，其中，新疆维吾尔自治区明显低于均值，只有 9.1 小时，甘肃省比均值少 1 小时，陕西省的村卫生室的服务时长达到14.5小时，明显高于均值。村医与村民是否有签约服务，甘、陕、新三省区有显著差异，新疆维吾尔自治区超过八成的村医与村民有签约服务，其次是陕西省，达到66.7%，而甘肃省只有一半。

表3－9　甘、陕、新三省区村卫生室医疗服务

	总体	新疆	甘肃	陕西	LR/T检验
每天诊疗人次	**(143)**	**(34)**	**(47)**	**(62)**	**
1～5人	0.7	0.0	0.0	1.6	
6～10人	52.4	57.1	51.1	50.8	
11～20人	29.4	25.7	31.1	30.2	
20人以上	10.5	11.4	2.2	15.9	
每天服务时长	**(131)**	**(31)**	**(472)**	**(58)**	***
均值（小时）	12.2	9.1	11.2	14.5	
是否有签约服务	**(144)**	**(31)**	**(472)**	**(58)**	**
是	65.3	82.9	50.0	66.7	
否	34.7	17.1	50.0	33.3	

注：*** 表示 $P<0.001$，** 表示 $P<0.01$，* 表示 $P<0.05$，+表示 $P<0.1$，ns表示不显著。
数据来源：2017年12月至2018年2月“健康扶贫与人口发展”专项调查。

从表3－10可以看出，在“村级卫生室是否有公共服务项目”问题中，甘、陕、新三省区的村级卫生室中有健康教育、预防接种、传染病防治、儿童保健及老年人保健这五项的总体比例都在80%以上，糖尿病等慢性病管理、孕产妇保健、精神疾病管理的比例相对较低。“是否有儿童保健与孕产妇保健”在甘、陕、新三省区有明显差异，新疆维吾尔自治区在这两项中的服务比例达到90%以上，其次是甘肃、陕西两省。这也说明新疆维吾尔自治区的少数民族对于儿童和孕产妇的关注与帮扶高度重视。

表3－10　甘、陕、新三省区村卫生室公共服务项目

	总体	新疆	甘肃	陕西	LR/T检验
健康教育	**(144)**	**(34)**	**(47)**	**(63)**	ns
是	86.1	94.1	85.1	82.5	

续表

	总体	新疆	甘肃	陕西	LR/T 检验
否	13.9	5.9	14.9	17.5	
预防接种	**(144)**	**(34)**	**(47)**	**(63)**	ns
是	89.6	91.2	89.4	88.9	
否	10.4	8.8	10.6	11.1	
传染病防治	**(144)**	**(34)**	**(47)**	**(63)**	*
是	85.3	94.1	78.7	85.5	
否	14.7	5.9	21.3	14.5	
糖尿病等慢性病管理	**(144)**	**(34)**	**(47)**	**(63)**	*
是	75.0	82.4	63.8	79.4	
否	25.0	17.6	36.2	20.6	
精神疾病管理	**(144)**	**(34)**	**(47)**	**(63)**	*
是	62.5	70.6	57.4	61.9	
否	37.5	29.4	42.6	38.1	
儿童保健	**(144)**	**(34)**	**(47)**	**(63)**	*
是	84.7	94.1	89.4	76.2	
否	15.3	5.9	10.6	23.8	
孕产妇保健	**(144)**	**(34)**	**(47)**	**(63)**	*
是	79.2	94.1	80.9	69.8	
否	20.8	5.9	19.1	30.2	
老年人保健	**(144)**	**(34)**	**(47)**	**(63)**	*
是	84.0	85.3	85.1	82.5	
否	16.0	14.7	14.9	17.5	

注：*** 表示 $P<0.001$，** 表示 $P<0.01$，* 表示 $P<0.05$，+ 表示 $P<0.1$，ns 表示不显著。
数据来源：2017 年 12 月至 2018 年 2 月“健康扶贫与人口发展”专项调查。

五、小结

村卫生室卫生人员构成情况，总体上村卫生室平均有1.84个卫生人员，其中新疆维吾尔自治区村卫生室的卫生人员数明显高于平均值，甘肃和陕西两省村卫生室卫生人员数都低于平均值。从卫生人员性别来看，男性占较大多数。从卫生人员学历来看，总体上，学历为高中（含中专和中技）的占比最大，其次为大专、初中。从卫生人员拥有资格证来看，总体上超过一半的卫生人员拥有乡村医师执业资格证书，但还是有极少一部分的卫生人员没有任何资格证。从参加工作年限来看，总体上，平均参加工作年限为17.80年，其中新疆维吾尔自治区卫生人员参加工作年限明显低于平均值，甘肃、陕西两省都高于平均值。

卫生人员教育培训情况，从培训次数来看三省区有较大差异，新疆维吾尔自治区村卫生室卫生人员培训次数占比最高的为一年5次及以上，其他培训次数占比都在20%以下；甘肃省村卫生室卫生人员培训次数占比最高的为一年1次，仅有2.1%的卫生人员没参加过培训；陕西省村卫生室卫生人员培训次数一年1次、一年2次和一年5次及以上的占比都在25%左右，有极少部分的卫生人员没参加过培训。从培训内容来看，传染病、妇幼保健、业务知识培训、业务法规培训、计划免疫培训、急诊急救培训都有超过七成的卫生人员参加培训；血防培训的比例较低。从培训方式来看，去医院培训占比最高，其次为去培训班培训，最低为网上培训。

卫生室基础设施情况，标准化卫生室的建设，总体上甘、陕、新三省区村卫生室面积平均值在60平方米以上，但还是有四成的村卫生室的面积小于60平方米，其中甘肃省所占比例最高，其次是新疆维吾尔自治区。标准卫生室的预防保健室、治疗室、药房和诊断室，有超过七成的村卫生室存在四室，其中药房的比例最高。从村卫生室覆盖范围来看，达到最高的是1~2公里，其次是4~5公里。新疆维吾尔自治区地域辽阔，所覆盖的范围最广。

卫生室医疗服务情况，甘、陕、新三省区每天诊疗人次之间没有较大差异，每天都有超过5人就诊。甘、陕、新三省区的村级卫生室每天平均都会开放 12. 2 小时，其中，新疆维吾尔自治区明显低于均值，陕西省的村卫生室的服务时长最长。村医与村民是否有签约服务，三省区有显著差异，新疆维吾尔自治区超过八成的村医与村民有签约服务，甘肃省只达到一半。

村卫生室公共服务项目情况，总体上甘、陕、新三省区村卫生室的服务情况都较好。对是否有儿童保健与孕产妇保健，在甘、陕、新三省区有明显差异，新疆维吾尔自治区在这两项中的服务比例都超过 90%，明显高于甘肃、陕西两省。

第四章　丝路沿线三省区居民家庭基本状况

本章主要介绍家庭的基本状况，主要包括资产状况、健康状况两个方面，并从非贫困户与贫困户两个方面对陕西省、甘肃省、新疆维吾尔自治区三省区进行了对比分析，以了解不同家庭、不同区域基本状况的差异。

第一节　资产状况

本节介绍受访家庭的资产状况，主要包括耕地或草地面积及住房面积两个方面，并对甘、陕、新三省区受访家庭进行对比分析。

从表4－1可以看出，非贫困户与贫困户家庭在耕地或草地面积上没有显著差异，非贫困户家庭耕地或草地面积的均值为8.783亩，贫困户家庭耕地或草地面积的均值为10.027亩。从住房面积来看，非贫困户家庭住房面积均值为132.18平方米，贫困户家庭住房面积均值为109.95平方米，非贫困户家庭住房面积显著大于贫困户家庭住房面积。

表4－1　非贫困户与贫困户家庭耕地或草地面积及住房面积分布情况

	是否建档立卡贫困户	N	均值	标准差	均值的标准误	LR/T 检验
耕地或草地面积/亩	非贫困户	661	8.783	13.8933	0.5404	ns
	贫困户	576	10.027	19.3952	0.8081	
住房面积/平方米	非贫困户	879	132.18	96.495	3.2547	***
	贫困户	725	109.95	71.096	2.6405	

注：*** 表示 P<0.0001，** 表示 P<0.01，* 表示 P<0.05，+表示 P<0.1，ns 表示不显著。

数据来源：2017年12月至2018年2月“健康扶贫与人口发展”专项调查。

表4-2 甘、陕、新三省区受访家庭耕地或草地面积及住房面积方差分析

	地区	N	均值	标准差	均值的标准误	单因素 ANOVA 显著性
耕地或草地面积/亩	新疆	199	18.635	34.6092	2.4534	0.0000
	甘肃	473	8.202	7.5114	0.3454	
	陕西	566	7.059	10.2776	0.4320	
	总数	1 238	9.356	16.6816	0.4741	
住房面积/平方米	新疆	401	108.70	66.459	3.319	0.0009
	甘肃	564	123.79	72.395	3.048	
	陕西	640	129.09	106.214	4.198	
	总数	1 605	122.13	86.607	2.162	

数据来源：2017年12月至2018年2月“健康扶贫与人口发展”专项调查。

从表4-2可以看出，甘、陕、新三省区的耕地或草地面积存在显著差异，新疆维吾尔自治区家庭的耕地或草地面积均值为18.635亩，显著高于其他两省。在住房面积方面，新疆维吾尔自治区家庭的住房面积均值为108.70平方米，显著低于其他两省。

第二节 健康状况

健康状况主要由健康状况指数来测度，健康状况指数的构建主要包括过去四周患病，照料，慢性病、重病，残疾及抑郁度五个指标，健康状况指数越小，表明健康状况越差。权重的确定方法为主成分法，具体赋值方式与权重见表4-3。

表 4-3　健康状况指数构建方法

	指标	赋值方式	初始层次	权重（%）
健康状况指数	过去四周患病	是 =0，否 =1	受访者	33
	照料	需要照料 =0，不需要照料 =1	个体	23
	慢性病、重病	患重病 =0，患慢性病 =1，未患病 =2	个体	20
	残疾	有残疾 =0，无残疾 =1	个体	16
	抑郁度	0～5 分	受访者	8

非贫困户与贫困户的经济水平及生活条件都存在较大差异，因此有必要对非贫困户和贫困户进行对比分析。

从表 4-4 可以看出，贫困户家庭健康状况指数的均值为 76.3486，显著低于非贫困户家庭，说明贫困户家庭的健康水平较低。

表 4-4　非贫困户与贫困户家庭健康状况指数分析

	是否建档立卡贫困户	N	均值	标准差	均值的标准误	LR/T 检验
健康状况指数	非贫困户	859	83.3264	13.09815	0.44690	***
	贫困户	709	76.3486	15.33391	0.57588	

注：*** 表示 $P<0.0001$，** 表示 $P<0.01$，* 表示 $P<0.05$，+ 表示 $P<0.1$，ns 表示不显著。

数据来源：2017 年 12 月至 2018 年 2 月“健康扶贫与人口发展”专项调查。

陕西省、甘肃省、新疆维吾尔自治区三省区地理环境不同，经济发展水平、文化及思想观念都存在较大差异，因此对不同地区家庭的健康状况指数进行了对比分析。

从表 4-5 可以看出，甘、陕、新三省区受访家庭健康状况不存在显著差异，健康状况指数的均值均在 80 左右。

表 4-5　甘、陕、新三省区受访家庭健康状况指数分析

	地区	N	均值	标准差	均值的标准误	单因素 ANOVA 显著性
健康状况指数	新疆	387	80.0823	14.99779	0.76238	0.665
	甘肃	553	79.7855	14.44342	0.61420	
	陕西	629	80.5453	14.42004	0.57496	
	总数	1 569	80.1633	14.56724	0.36776	

数据来源：2017 年 12 月至 2018 年 2 月“健康扶贫与人口发展”专项调查。

第三节　本章小结

本章主要分析了不同地区受访家庭的基本状况，得出了以下结论：

第一，在资产状况上，从非贫困户与贫困户家庭来看，耕地或草地面积上没有显著差异。非贫困户家庭住房面积显著大于贫困户家庭，非贫困户家庭住房面积均值为 132.18 平方米，贫困户家庭住房面积均值为 109.95 平方米。从三省区来看，新疆维吾尔自治区家庭的耕地或草地面积均值为 18.635 亩，显著高于其他两省，住房面积平均为 108.70 平方米，显著低于其他两省。

第二，在健康状况上，贫困户家庭健康状况指数的均值为 76.3486，显著低于非贫困户家庭，说明贫困户家庭的健康状况较差。从甘、陕、新三省区来看，受访家庭健康状况指数的均值均在 80 左右，健康状况不存在显著差异。

第五章　丝路沿线三省区居民基本健康状况

健康是指一个人在身体、精神和社会等方面都处于良好的状态。本章主要从生理健康和心理健康两方面介绍受访者的健康状况。

第一节　生理健康

生理健康主要包括自评健康状况、15 岁之前吃不饱经历和 BMI 指数三个方面。本节研究受访者的生理健康状况，进一步比较不同群体和不同地域的受访者在生理健康水平方面的差异。

从表 5 - 1 可以看出，总体上，受访者在自评健康状况方面认为比较好的占 37.4%，一般的占 33.5%，比较差的占 14%，非常好的占 11%，仅有 4.1% 的受访者认为很差。从非贫困户与贫困户受访者来看，43.3% 的非贫困户受访者认为自己健康状况比较好，显著高于贫困户受访者。认为自己健康状况比较差的贫困户受访者占 18.5%，显著高于非贫困户受访者。在 15 岁之前吃不饱经历方面，受访者中选择“偶尔”的占 36.8%，“经常”的占 34.9%，“没有”的占 28.2%。贫困户受访者中 15 岁之前经常吃不饱的占 43.7%，显著高于非贫困户受访者。从 BMI 指数来看，总体 70% 以上的受访者 BMI 指数值都落在 18.5 到 25 之间，说明七成以上的受访者处于身体健康状态；20.3% 的受访者 BMI 指数值大于 25，体型偏胖；BMI 指数值小于 18.5 的人为是体型偏瘦，占 7.5%。贫困户受访者中，9.2% 的 BMI 指数值在 18.5 以下，属于体型偏瘦，显著高于非贫困户受访者。在自评健康状况方面，甘、陕、新三省区的受访者并没有显著差异。从 15 岁之前吃不饱经历来看，陕西省受访者中选择经常的占43.8%，显著高于其他两省区。甘、陕、新三省区中，新疆维吾尔自治区受访者BMI指数值在25以上的占38.1%，显著高于其他两省，BMI指数值在18.5至25之间的占55.5%，又显著低于其他两省，说明新疆维吾尔自治区居民的健康水平有待提高。

表5-1 受访者生理健康值及范围比例

	总体	非贫困户	贫困户	LR/T检验	新疆	甘肃	陕西	LR/T检验
自评健康状况	(1 634)	(894)	(740)	***	(406)	(582)	(646)	ns
非常好	11	13.2	8.4		14.5	10.8	9	
比较好	37.4	43.3	30.3		35.5	38.7	37.4	
一般	33.5	31.2	36.2		31.5	33.5	34.8	
比较差	14	10.3	18.5		13.8	13.6	14.5	
很差	4.1	2	6.6		4.7	3.4	4.3	
15岁之前吃不饱经历	(1 632)	(893)	(739)	***	(405)	(581)	(646)	***
没有	28.2	34	21.2		43.5	24.4	22.1	
偶尔	36.8	38.3	35		35.1	41.2	34.1	
经常	34.9	27.7	43.7		21.5	34.4	43.8	
BMI指数	(1 634)	(894)	(740)	*	(406)	(578)	(650)	***
BMI<18.5	7.5	6.2	9.2		6.4	8.1	7.8	
18.5≤BMI<25	72.2	71.6	73		55.5	77.5	77.8	
BMI≥25	20.3	22.3	17.8		38.1	14.4	14.3	

注：*** 表示 $P<0.0001$，** 表示 $P<0.01$，* 表示 $P<0.05$，+ 表示 $P<0.1$，ns表示不显著。
数据来源：2017年12月至2018年2月“健康扶贫与人口发展”专项调查。

第二节 心理健康

心理健康包括抑郁度和生活满意度两个方面。抑郁度通过向受访者询问“您觉得每天过得很有意义”“您经常觉得高兴不起来”“您常因一些小事而烦恼”“您经常觉得自己很孤独”“您觉得生活很幸福”等问题的感知来测度。生活满意度通过向受访者询问“您的生活条件很好”“您对您现在的生活不满意”“您没有得到生活中您想要的东西”“您现在的生活基本上和您理想的生活状态一致”等问题的感知来测度。

从表5－2可以看出，非贫困户受访者的抑郁度均值为12.635，贫困户受访者的抑郁度均值为13.635，均值越高表明抑郁倾向越明显。由检验结果可以看出，贫困户受访者的抑郁度显著高于非贫困户受访者。非贫困户受访者与贫困户受访者的生活满意度均值分别为12.216、11.113，贫困户受访者的生活满意度显著低于非贫困户受访者。

表5－2　非贫困户与贫困户受访者抑郁度及生活满意度分析

	是否建档立卡贫困户	N	均值	标准差	均值的标准误	LR/T 检验
抑郁度	非贫困户	888	12.635	3.5774	0.1201	***
	贫困户	739	13.635	3.5551	0.1308	
生活满意度	非贫困户	886	12.216	3.1440	0.1056	***
	贫困户	734	11.113	3.0101	0.1111	

注：*** 表示 P<0.0001，** 表示 P<0.01，* 表示 P<0.05，+表示 P<0.1，ns 表示不显著。
数据来源：2017年12月至2018年2月“健康扶贫与人口发展”专项调查。

从表5－3可以看出，甘肃省受访者的抑郁度均值为13.537，显著高于其他两省区，说明甘肃省居民的抑郁倾向更明显。甘肃省受访者的生活满意度均值为11.162，显著低于其他两省区受访者。新疆维吾尔自治区受访者的抑郁度均值最低，生活满意度均值最高，说明新疆维吾尔自治区居民的心理健康水平比其他两省高。

表5－3　甘、陕、新三省区受访者抑郁度及生活满意度分析

	地区	N	均值	标准差	均值的标准误	单因素 ANOVA 显著性
抑郁度	新疆	403	11.896	3.6859	0.1836	0.000
	甘肃	579	13.537	3.4576	0.1437	
	陕西	646	13.435	3.5101	0.1381	
	总数	1 628	13.090	3.6000	0.0892	

续表

	地区	N	均值	标准差	均值的标准误	单因素 ANOVA 显著性
生活满意度	新疆	398	12.887	3.0288	0.1518	0.000
	甘肃	579	11.162	3.0890	0.1250	
	陕西	644	11.488	3.1174	0.1228	
	总数	1 621	11.715	3.1309	0.0778	

数据来源：2017 年 12 月至 2018 年 2 月“健康扶贫与人口发展”专项调查。

第三节　本章小结

本章主要介绍了受访者的健康状况，对比了不同群体和不同地域受访者的生理健康及心理健康状况，得出以下结论：

第一，从生理健康来看，37.4% 的受访者认为自己的健康状况比较好，15 岁之前经常吃不饱的占 34.9%，七成以上受访者的 BMI 指数值都落在 18.5 到 25 之间，说明其处于身体健康状态。从非贫困户与贫困户来看，贫困户的生理健康状况较差。贫困户受访者认为自己身体状况较差的比例、15 岁之前经常吃不饱的比例及体型偏瘦的比例均显著高于非贫困户受访者。从甘、陕、新三省区来看，新疆维吾尔自治区受访者 BMI 指数值在 18.5 至 25 之间的占 55.5%，身体健康的比例显著低于其他两省，新疆维吾尔自治区居民健康状况较差。

第二，从心理健康来看，贫困户受访者的抑郁度均值较高，抑郁倾向较明显，且贫困户受访者的生活满意度显著低于非贫困户受访者，说明贫困户受访者的心理健康状况较差。从甘、陕、新三省区来看，甘肃省受访者的抑郁度均值最高，为 13.537，生活满意度均值最低，说明甘肃省受访者心理健康状况在三省区中最差。

第六章　丝路沿线三省区居民就医态度与行为

居民就医行为的影响因素复杂，了解复杂因素影响背后居民就医态度和就医行为对于卫生改革和相关政策的实施具有重要的指导意义。本章通过调查受访者的就医情况及对医疗服务的满意度情况来分析居民的就医态度与行为。

第一节　就医习惯与行为

就医情况包括受访者的就医习惯和就医行为两个指标。就医习惯通过向受访者提问“您看病的习惯是什么”来测度；就医行为通过向受访者提问“如果您家中有人生病或想看医生、护士或其他卫生工作人员，您通常去哪些诊所或医院”来测度。根据受访者的回答内容来反映受访者的就医情况，并进一步比较贫困户、非贫困户及三省区受访者在就医情况方面的差异。

从表 6－1 可以看出，在就医习惯上，有 35% 的受访者出现不适就去看病，有 38.1% 的受访者在症状加重时去看病，有 26.9% 的受访者在生病时选择能不看就不看。非贫困户中有 21.8% 的受访者选择能不看就不看，显著低于总体平均水平（26.9%），贫困户中有 33.1% 的受访者选择能不看就不看，显著高于总体平均水平（26.9%），说明非贫困户的就医习惯较好。

表 6-1　非贫困户与贫困户受访者就医情况分析

	总体	非贫困户	贫困户	LR/T 检验
就医习惯	(1 628)	(891)	(737)	***
出现不适就去看病	35	42	26.5	
症状加重时去看病	38.1	36.3	40.4	
能不看就不看	26.9	21.8	33.1	
就医行为	(1 643)	(900)	(743)	**
本村或本社区的卫生室	36.3	34.3	38.6	
本镇卫生院或街道办的医疗服务中心	25.1	22.9	27.9	
本县或本区医院	32	35.1	28.3	
本市或市级以上医院	5	5.9	3.9	
本省医院	1.4	1.8	1	
外省医院	0.1	0	0.3	

注：*** 表示 P<0.0001，** 表示 P<0.01，* 表示 P<0.05，+表示 P<0.1，ns 表示不显著。
数据来源：2017 年 12 月至 2018 年 2 月“健康扶贫与人口发展”专项调查。

在就医行为上，超过 1/3 的受访者在就医时偏向本村或本社区的卫生室，有 25.1% 的受访者在就医时选择本镇卫生院或街道办的医疗服务中心，有 32% 的受访者在就医时选择本县或本区医院，仅有小部分受访者在就医时选择去更高级医院就医。

从表 6-2 可以看出，在就医习惯上，新疆维吾尔自治区有 42% 的受访者在生病时选择出现不适就去看病，显著高于总体平均水平（34.9%），甘肃省有 48.4% 的受访者在生病时选择在症状加重时去看病，显著高于总体平均水平（38.1%），而陕西省有 34.3% 的受访者在生病时选择能不看就不看，不仅显著高于总体水平（26.9%），也高于新疆维吾尔自治区（23.6%）和甘肃省（21.1%）。甘、陕、新三省区受访者在就医习惯上有明显差异。总体来说，新疆维吾尔自治区与甘肃、陕西两省相比，就医习惯较好。

在就医行为上，新疆维吾尔自治区有 26.5% 的受访者在就医时选择了本村或本社区的卫生室，显著低于总体平均水平（36.3%），而甘肃省和陕西省的受访者在就医时选择本村或本社区的卫生室的比例分别为 39% 和 40.1%，均高于总体平均水平，但陕西有 20.3% 的受访者在就医时选择本镇卫生院或街道办的医疗服务中心，显著低于总体平均水平（25.1%）。

表 6－2　甘、陕、新三省区受访者就医情况分析

	总体	新疆	甘肃	陕西	LR/T 检验
就医习惯	**（1 629）**	**（402）**	**（583）**	**（644）**	***
出现不适就去看病	34.9	42	30.5	34.5	
症状加重时去看病	38.1	34.3	48.4	31.2	
能不看就不看	26.9	23.6	21.1	34.3	
就医行为	**（1 644）**	**（408）**	**（585）**	**（651）**	***
本村或本社区的卫生室	36.3	26.5	39	40.1	
本镇卫生院或街道办的医疗服务中心	25.1	31.6	26	20.3	
本县或本区医院	32	34.1	29.4	33	
本市或市级以上医院	5	7.6	3.6	4.6	
本省医院	1.4	0.2	2.1	1.7	
外省医院	0.1	0	0	0.3	

注：*** 表示 P＜0.0001，** 表示 P＜0.01，* 表示 P＜0.05，＋表示 P＜0.1，ns 表示不显著。
数据来源：2017 年 12 月至 2018 年 2 月“健康扶贫与人口发展”专项调查。

第二节　医疗服务满意度

医疗服务满意度包括受访者对医生水平满意度、医疗设备满意度和报销程序方便程度三个指标。医生水平满意度通过向受访者提问“您对常去的医疗机构的医生专业水平满意吗”来测度；医疗设备满意度通过向受访者提问“您对常去的医疗机构的医疗设备满意吗”来测度；报销程序方便程度通过向受访者提问“就您的了解，您认为看病报销的程序是否方便”来测度。根据受访者的回答内容来反映受访者的医疗服务满意度情况，并进一步比较贫困户、非贫困户及三省区受访者在医疗服务满意度方面的差异。

从表 6－3 可以看出，受访者在对医生水平满意度上，有超过一半的人

"满意"；有35.9%的受访者对医生水平满意度感觉"一般"；仅有6.6%的受访者对医生水平感觉"不满意"。非贫困户受访者中仅有6.6%的人对医生水平"非常满意"，显著低于总体平均水平（9.6%）；而贫困户受访者中却有13.2%的人对医生水平"非常满意"。贫困户与非贫困户在对医生水平"非常满意"的问题上存在着明显差异，很有可能是出于经济原因贫困户不能去更多医院就医，导致其对现有医生水平满意度较高。

表6-3　非贫困户与贫困户受访者就医满意情况分析

	总体	非贫困户	贫困户	LR/T 检验
医生水平满意度	**(1 639)**	**(899)**	**(740)**	***
非常满意	9.6	6.6	13.2	
比较满意	47.9	49.7	45.7	
一般	35.9	36.8	34.7	
比较不满意	4.9	5.2	4.6	
非常不满意	1.7	1.7	1.8	
医疗设备满意度	**(1 639)**	**(898)**	**(741)**	***
非常满意	10.1	6.6	14.3	
比较满意	42.1	44.3	39.4	
一般	37.7	39	36.2	
比较不满意	7.8	7.8	7.8	
非常不满意	2.3	2.3	2.3	
报销程序方便程度	**(1 635)**	**(897)**	**(738)**	***
非常方便	13.2	10.3	16.8	
比较方便	45.3	46.9	43.2	
一般	26.5	29	23.4	
比较不方便	11.6	10.4	13	
非常不方便	3.5	3.5	3.5	

注：*** 表示 $P<0.0001$，** 表示 $P<0.01$，* 表示 $P<0.05$，+ 表示 $P<0.1$，ns 表示不显著。
数据来源：2017年12月至2018年2月"健康扶贫与人口发展"专项调查。

在对医疗设备满意度上，受访者有超过一半的人"满意"，有37.7%的受访者对医疗设备满意度感觉“一般”，有 10.1% 的受访者对医疗设备感觉“不满意”。非贫困户受访者中仅有 6.6% 的人对医疗设备“非常满意”，显著低于总体平均水平（10.1%）；而贫困户受访者中却有 14.3% 的人对医疗设备“非常满意”，贫困户与非贫困户在对医疗设备“非常满意”的问题上存在着明显差异，但贫困户与非贫困户对医疗设备“不满意”的比例一致，无明显差异。

在对报销程序方便程度的认知上，有 13.2% 的受访者认为报销程序“非常方便”，有 45.3% 的受访者认为报销程序“比较方便”，而有 26.5% 的受访者认为报销程序方便程度“一般”，其余 15.1% 的受访者认为报销程序较为烦琐，“不方便”。非贫困户中有 57.2% 的受访者认为报销程序“方便”，贫困户中有 60% 的受访者认为报销程序“方便”，二者在报销程序方便程度的问题上存在差异，但差异不大。

从表 6－4 可以看出，在医生水平满意度上，新疆维吾尔自治区有高达 25.2% 的受访者对医生水平“非常满意”，不仅显著高于总体平均水平（9.6%），更远高于甘肃省（2.4%）和陕西省（6.2%）。且新疆维吾尔自治区仅有 4.4% 的受访者对医生水平“不满意”，低于总体平均水平（6.6%）及甘肃省（7.1%）和陕西省（6%）。陕西省不存在受访者对医生水平“非常不满意”的情况。总体来说，相较于甘肃、陕西两省，新疆维吾尔自治区的受访者对医生水平满意度较高。

表 6－4　甘、陕、新三省区受访者就医满意情况分析

	总体	新疆	甘肃	陕西	LR/T 检验
医生水平满意度	**(1 640)**	**(408)**	**(584)**	**(648)**	***
非常满意	9.6	25.2	2.4	6.2	
比较满意	47.9	40.2	53.3	48	
一般	35.9	30.9	37.5	37.5	
比较不满意	4.9	2.7	5.3	6	
非常不满意	1.7	1.7	1.8	0	
医疗设备满意度	**(1 640)**	**(408)**	**(584)**	**(648)**	***
非常满意	10.1	26.5	2.4	6.6	
比较满意	42.1	42.6	44.2	39.8	

续表

	总体	新疆	甘肃	陕西	LR/T 检验
一般	37.7	27.2	41.3	41.2	
比较不满意	7.8	2.7	10.1	9	
非常不满意	2.3	1	2.1	3.4	
报销程序方便程度	**(1 636)**	**(407)**	**(583)**	**(646)**	***
非常方便	13.2	29.5	5	10.4	
比较方便	45.2	38.6	50.1	45	
一般	26.5	21.1	24.7	31.4	
比较不方便	11.6	9.3	15.1	9.9	
非常不方便	3.5	1.5	5.1	3.3	

注：*** 表示 P<0.0001，** 表示 P<0.01，* 表示 P<0.05，+表示 P<0.1，ns 表示不显著。
数据来源：2017 年 12 月至 2018 年 2 月"健康扶贫与人口发展"专项调查。

在医疗设备满意度方面，新疆维吾尔自治区有高达 26.5% 的受访者对医疗设备"非常满意"，不仅显著高于总体平均水平（10.1%），更远高于甘肃省（2.4%）和陕西省（6.6%），且新疆维吾尔自治区仅有 27.2% 的受访者认为医疗设备"一般"，3.7% 的受访者对医疗设备"不满意"，均低于总体平均水平，更低于甘肃、陕西两省。总体来说，相较于甘肃、陕西两省，新疆维吾尔自治区的受访者对常去医疗机构的医疗设备满意度较高。

在对报销程序方便程度的认知上，虽然新疆维吾尔自治区仅有 38.6% 的受访者认为报销程序"比较方便"，低于总体平均水平（45.2%）及甘肃（50.1%）和陕西（45%）两省，但新疆维吾尔自治区有高达 29.5% 的受访者认为报销程序"非常方便"，远高于总体平均水平（13.2%）及甘肃（5%）和陕西（10.4%）两省。总的来说，相较于甘肃、陕西两省，新疆维吾尔自治区受访者认为报销程序"比较方便"的比例较高。

从受访者对常去的医疗机构医生水平满意度、医疗设备满意度和看病报销程序方便程度三个方面来说，相较于甘肃、陕西两省，新疆维吾尔自治区受访者对其医疗服务满意度较高。

第三节　本章小结

本章通过分析贫困户、非贫困户和三省区的受访者在就医态度和行为上的现状和差异，得出以下结论：

第一，在就医行为的情况上，从贫困户、非贫困户的方面来看，非贫困户在就医时选择本县或本区医院、本市或市级以上医院和本省医院的比例均显著高于总体平均水平，而贫困户在选择这些医疗机构问题上的比例均显著低于总体平均水平，这在一定程度上表明，相较于贫困户，非贫困户一般选择较高级的就医机构。三省区方面，新疆维吾尔自治区有58.1%的受访者在就医时选择了本村或本社区的卫生室和本镇卫生院或街道办的医疗服务中心，其余受访者在就医时选择县及以上的医院就医，而甘肃省和陕西省的受访者在就医时选择了本村或本社区的卫生室和本镇卫生院或街道办的医疗服务中心的比例则分别为65%和60.4%，这表明在就医时，新疆维吾尔自治区的受访者更偏向于中级医院，而甘肃省和陕西省的受访者则更多从低层医院或卫生室开始就医，且甘、陕、新三省区中仅陕西省的受访者会选择去外省医院就医。

第二，在医疗服务满意度的情况上，贫困户对医生水平满意度、医疗设备满意度和报销程序方便程度三个问题的“非常满意（方便）”的比例均高于非贫困户，而贫困户对三个问题“非常不满意（方便）”的比例和非贫困户基本无差异。甘、陕、新三省区方面，新疆维吾尔自治区的受访者对医生水平满意度、医疗设备满意度和报销程序方便程度三个问题的“非常满意（方便）”的比例均远高于甘肃、陕西两省，满意（“非常满意”和“比较满意”）的比例也高于甘肃、陕西两省。这说明，相较于甘肃、陕西两省，新疆维吾尔自治区的医疗服务较好，很可能与政府对其扶持力度大有关。

第七章　丝路沿线三省区居民健康环境

环境也会对居民的身体健康产生影响，只有关注居民的生活条件，了解居民所处的环境，才能进一步了解居民的健康情况。本章通过调查受访者的生活条件及环境卫生来分析受访居民的健康环境。

第一节　生活条件及环境卫生

健康环境包括受访者生活条件和环境卫生两个指标。生活条件通过向受访者提问“您家做饭用的最主要燃料是什么”“您家平时主要用什么照明”来测度；环境卫生通过向受访者提问“您家最常用的厕所是什么类型的”“您家的垃圾最主要倒在哪里”来测度。根据受访者的回答内容来反映受访者的健康环境情况，并进一步比较贫困户、非贫困户及三省区受访者在生活条件及环境卫生方面的差异。

从表7－1可以看出，在做饭主要燃料方面，有45.3%的受访者选择了柴草作为做饭的主要燃料，总体上有34.3%的受访者选择了煤炭作为做饭的主要燃料，选择罐装煤气/液化气、天然气/管道煤气、太阳能/沼气和电作为做饭主要燃料的受访者比例分别为5.6%、2.6%、0.4%和10.9%。贫困户、非贫困户在做饭主要燃料方面存在差异。非贫困户有37.5%的受访者选择了柴草作为做饭的主要燃料，显著低于总体平均水平（45.3%），更远低于贫困户水平（54.8%），而选择用电作为做饭主要燃料的比例达14.7%，显著高于总体平均水平（10.9%）。贫困户有超过一半（54.8%）的受访者选择柴草作为做饭的主要燃料，而选择用电作为做饭主要燃料的比例仅有6.2%，显著低于总体平均水平（10.9%）。这很有可能是出于经济原因，只能利用柴草、煤炭等燃料做饭。

表7－1　非贫困户与贫困户受访者健康环境分析

	总体	非贫困户	贫困户	LR/T检验
做饭主要燃料	(1 637)	(739)	(898)	***
柴草	45.3	37.5	54.8	
煤炭	34.3	34.3	34.4	
罐装煤气/液化气	5.6	8.4	2.2	
天然气/管道煤气	2.6	3.7	1.2	
太阳能/沼气	0.4	0.6	0.1	
电	10.9	14.7	6.2	
其他	1	0.9	1.1	
照明用具	(1 639)	(900)	(739)	***
电灯	97.9	97.9	97.8	
煤油灯	1.4	1.4	1.4	
油灯	0.2	0.1	0.3	
蜡烛	0.1	0.1	0	
其他	0.5	0.4	0.5	
厕所类型	(1 631)	(892)	(739)	***
室内冲水	10.2	13.1	6.6	
室内马桶（无冲水）	3.6	4.9	1.9	
室外冲水公厕	2.7	3.1	2.2	
室外非冲水公厕	15.3	16.3	14.2	
开放式水泥坑	34.2	36.5	31.3	
开放式土坑	34.0	26.0	43.6	
其他	0.1	0	0.3	
垃圾倒在哪里	(1 630)	(893)	(737)	ns
公共垃圾桶/箱	31.7	33.7	29.3	
附近的河沟	20.7	19.7	21.8	
住房周围	19.3	17.0	22.1	

续表

	总体	非贫困户	贫困户	LR/T 检验
土粪坑	8.8	7.7	10.2	
随处倒	5.3	5	5.7	
楼房垃圾道	0.9	1.3	0.3	
由专人收集	11.5	13.9	8.7	
其他	1.7	1.6	1.9	

注：*** 表示 P<0.0001，** 表示 P<0.01，* 表示 P<0.05，+ 表示 P<0.1，ns 表示不显著。
数据来源：2017 年 12 月至 2018 年 2 月“健康扶贫与人口发展”专项调查。

在照明用具方面，总体上有 97.9% 的受访者选择了电灯作为照明用具，而贫困户、非贫困户用电灯的相应比例分别为 97.8% 和 97.9%，差异不大。

在厕所类型方面，总体上厕所类型选择开放式水泥坑、开放式土坑的比例达 68.2%，有 15.3% 的受访者厕所类型选择室外非冲水公厕，有 10.2% 的受访者厕所类型选择室内冲水，3.6% 的受访者厕所类型选择室内马桶（无冲水），2.7% 的受访者厕所类型选择室外冲水公厕。对于贫困户来说，室内厕所比例仅为 8.5%，其中有 6.6% 的受访者厕所类型选择室内冲水，有 1.9% 的受访者厕所类型选择室内马桶（无冲水）。而开放式坑的比例高达 74.9%，其中开放式水泥坑的比例为 31.3%，开放式土坑的比例更是高达 43.6%，显著高于总体平均水平（34%），更远高于非贫困户（26%），这表明，较非贫困户来说，贫困户厕所卫生状况偏差。

在垃圾处理方式方面，总体上有接近 1/3 的受访者选择了将垃圾倒在公共垃圾桶或公共垃圾箱内，有 20.7% 的受访者选择了将垃圾倒在附近的河沟，有 19.3% 的受访者选择了将垃圾倒在住房周围。贫困户中有 8.7% 的受访者的垃圾由专人收集，低于总体平均水平（11.5%），更低于非贫困户水平（13.9%）。

从表 7－2 可以看出，在做饭主要燃料方面，新疆维吾尔自治区、甘肃省、陕西省三省区存在显著性差异。新疆维吾尔自治区有高达 62.7% 的受访者选择了利用煤炭作为做饭主要燃料，远高于总体平均水平（34.4%），但仅有 1.5% 的受访者选择用电作为做饭主要燃料，远低于总体平均水平

（10.9%）。甘肃省仅有0.5%的受访者选择利用天然气/管道煤气作为做饭主要燃料，不仅显著低于总体平均水平（2.6%），更低于新疆维吾尔自治区（3.4%）、陕西省（3.9%）的水平。陕西省受访者选择煤炭作为做饭主要燃料的比例较小，仅为17.7%，显著低于总体平均水平（34.4%），但陕西省有17.1%的受访者选择用电作为做饭主要燃料，显著高于总体平均水平（10.9%）。

表7－2　甘、陕、新三省区受访者健康环境分析

	总体	新疆	甘肃	陕西	LR/T检验
做饭主要燃料	**（1 638）**	**（407）**	**（582）**	**（649）**	***
柴草	45.3	28	49.3	52.5	
煤炭	34.4	62.7	33.2	17.7	
罐装煤气/液化气	5.6	3.7	4.1	8	
天然气/管道煤气	2.6	3.4	0.5	3.9	
太阳能/沼气	0.4	0	0.2	0.8	
电	10.9	1.5	10.5	17.1	
其他	1.0	0.7	2.2	0.0	
照明用具	**（1 640）**	**（407）**	**（583）**	**（650）**	ns
电灯	97.9	96.8	98.8	97.7	
煤油灯	1.4	2	1.2	1.2	
油灯	0.2	0.2	0	0.3	
蜡烛	0.1	0	0	0.2	
其他	0.5	1	0	0.6	
厕所类型	**（1 632）**	**（400）**	**（583）**	**（649）**	***
室内冲水	10.2	10.8	5.0	14.5	
室内马桶（无冲水）	3.6	1.8	4.1	4.2	
室外冲水公厕	2.7	2.3	0.9	4.6	
室外非冲水公厕	15.3	26.5	7.0	15.9	
开放式水泥坑	34.1	22.3	36.7	39.1	
开放式土坑	34.0	36.5	46.3	21.4	
其他	0.1	0	0	0.3	
垃圾倒在哪里	**（1 631）**	**（399）**	**（583）**	**（649）**	***
公共垃圾桶/箱	31.7	42.4	17.7	37.8	
附近的河沟	20.7	11.5	32.1	16.2	
住房周围	19.3	20.6	24.9	13.6	

续表

	总体	新疆	甘肃	陕西	LR/T 检验
土粪坑	8.8	18.3	7.0	4.6	
随处倒	5.3	4.3	5.8	5.5	
楼房垃圾道	0.9	0.5	1.5	0.5	
由专人收集	11.5	1.3	7.0	21.9	
其他	1.7	1.3	3.9	0.0	

注：*** 表示 P<0.0001，** 表示 P<0.01，* 表示 P<0.05，+表示 P<0.1，ns 表示不显著。
数据来源：2017 年 12 月至 2018 年 2 月“健康扶贫与人口发展”专项调查。

在照明用具方面，新疆维吾尔自治区、甘肃省、陕西省三省区无明显差异，甘肃省受访者照明用具仅有电灯和煤油灯两种。

在厕所类型方面，新疆维吾尔自治区、甘肃省、陕西省三省区存在差异。新疆维吾尔自治区有 26.5% 的受访者厕所类型选择室外非冲水公厕，高于总体平均水平（15.3%），但厕所类型选择开放式水泥坑的受访者仅占 22.3%，低于总体平均水平（34.1%）。甘肃省受访者选择室内厕所类型的受访者仅为 9.1%，低于总体平均水平（13.8%），但其受访者选择开放式厕所类型的比例高达 83%，其中选择开放式土坑的受访者更是有 46.3%，显著高于总体平均水平（34%）。而陕西省厕所类型选择开放式土坑的受访者有 21.4%，显著低于总体平均水平（34%）。

在垃圾处理方式方面，新疆维吾尔自治区、甘肃省、陕西省三省区有明显差异。新疆维吾尔自治区有高达 42.4% 的受访者选择将垃圾倒在公共垃圾桶/箱里，高于甘肃省（17.7%）、陕西省（37.8%）两省；有 18.3% 的受访者选择将垃圾倒在土粪坑，显著高于总体平均水平（8.8%）；但仅有 1.3% 的受访者的垃圾由专人收集，远低于总体平均水平（11.5%）。甘肃省有 32.1% 的受访者选择将垃圾倒在附近的河沟，高于总体平均水平（20.7%），也高于新疆维吾尔自治区（11.5%）、陕西省（16.2%）两省区。陕西省有 21.9% 的受访者的垃圾由专人收集，远高于新疆维吾尔自治区（1.3%）、甘肃省（7.0%）两省区。

第二节　本章小结

本章主要分析甘、陕、新三省区的受访者周边健康环境状况，得出以下结论：

第一，在做饭的主要燃料方面，贫困户做饭主要燃料为柴草（54.8%），使用电做饭的比例较小，这与受访者贫困户的身份有关。而使用柴草做饭会污染其周围环境，对自身健康带来不良影响。在厕所类型方面，贫困户较非贫困户来讲，其厕所较低级且相对原始，特别是开放式土坑占比较大（43.6%），会导致贫困户所处环境被污染。垃圾的处理方式方面，贫困户比非贫困户高的三部分为（倒在）住房周围、（倒在）土粪坑和随处倒，这会导致贫困户周边环境恶化。

第二，在甘、陕、新三省区的情况上，新疆维吾尔自治区有超九成的受访者选择了柴草、煤炭这两种原料作为做饭的主要燃料。照明用具方面，甘肃省选择电灯作为照明用具的比例最高；其次是陕西；最后是新疆，且新疆选择煤油灯作为照明用具的比例比甘肃、陕西两省都高。厕所类型方面，较新疆维吾尔自治区、甘肃省两省区选择的厕所类型来说，陕西省的开放式土坑较少。垃圾处理方式方面，新疆维吾尔自治区情况最好，其次是陕西省，甘肃省的垃圾处理方式最差。

第八章　丝路沿线三省区居民多维贫困测度

本章主要分析了甘、陕、新三省区的贫困现状，主要包括多维贫困指数构建、多维贫困指数测度结果及分区域、群体对比。

第一节　多维贫困指数构建

本书从教育、健康、生活水平三个方面来构建多维贫困指数。其中，教育维度包括成人教育、适龄儿童入学两个指标；健康维度包括健康状况、新农合两个指标；生活水平包括做饭燃料、厕所类型、照明、住房、垃圾处理五个指标。指标体系的具体构建方法及剥夺临界值的设置见表 8－1。

表 8－1　多维贫困指数维度和指标设定

维度	指标	剥夺临界值
教育（1/3）	成人教育（1/6）	家中 18 岁以上没完成 6 年教育的，赋值 1
	适龄儿童入学（1/6）	家中 6 岁以上儿童属于失学或未上学，赋值 1
健康（1/3）	健康状况（1/6）	当前任一家庭成员患有慢性病、重病或身有残疾，赋值 1
	新农合（1/6）	任一家庭成员没有参加新型农村合作医疗，赋值 1
生活水平（1/3）	做饭燃料（1/15）	常用的做饭燃料为非清洁燃料（如柴草、木炭等），赋值 1
	厕所类型（1/15）	厕所不能使用室内冲水、室内马桶，赋值 1
	照明（1/15）	目前家中没能使用电灯，赋值 1
	住房（1/15）	人均住房面积低于 12 平方米，赋值 1
	垃圾处理（1/15）	不能使用公共垃圾桶/箱、楼房垃圾道等，赋值 1

注：括号内数值为该维度或指标的权重，赋值 1 表示个体在该指标上处于贫困状态。

本书采用 A－F 多维贫困测算方法对多维贫困指数进行测算。先设 $X = [x_{ij}]$ 为 $n \times m$，n 为被考察家庭的总数，m 为衡量贫困的指标个数，那么x_{ij}表示的是第 i 个个体在第 j 个指标上的状态。令z_j（$z_j > 0$）表示个体在第 j 个指标上的剥夺临界值，z 为特定指标临界值的行向量。

第一步，判断个体在给定指标上是否遭受剥夺。定义剥夺矩阵$g^0 = [g_{ij}^0]$，其中g_{ij}^0的取值为：

$$g_{ij}^0 = \begin{cases} 1, & x_{ij} < z_j \\ 0, & x_{ij} \geqslant z_j \end{cases} \tag{8-1}$$

式中，g_{ij}^0等于 1 表示个体在指标 j 上存在剥夺或处于贫困状态。

第二步，计算个体在各指标上的总剥夺得分。使用均权法对每个维度赋予一个权重，每个维度下的指标同样使用均权法进行赋权，权重记为ω_j。则个体在各指标上的总剥夺得分：

$$c_i = \sum_{j=1}^{m} \omega_j g_{ij}^0 \tag{8-2}$$

第三步，设贫困临界值为 k，反映了至少在 k 个指标上的贫困状况。如果个体 i 的多维贫困维度 $d \geqslant k$，则$c_i(k) = c_i$，否则$c_i(k) = 0$。

第四步，多维贫困指数的计算。设多维贫困发生率为 H，它等于多维贫困家庭数占总家庭数的比重。设 A 为贫困剥夺份额，它等于多维贫困家庭总剥夺得分除以多维贫困家庭数。多维贫困指数M_0等于多维贫困发生率与贫困剥夺份额的乘积。

$$H = \frac{q}{n} \tag{8-3}$$

$$A = \frac{\sum_{i=1}^{q} c_i(k)}{q} \tag{8-4}$$

$$M_0 = \frac{1}{n} \sum_{i=1}^{n} c_i(k) = H \times A \tag{8-5}$$

式中，q 为多维贫困家庭数。

为了分析各指标对整体贫困的影响，设G_j为各指标对多维贫困指数的贡献率。设M_{0j}为第j个指标对多维贫困指数的贡献额，其计算公式为：

$$M_{0j}=\frac{p_j\times\omega_j}{n} \tag{8-6}$$

式中，p_j为按照同时存在k个维度贫困进行识别时，在第j个维度的贫困家庭数量，则各指标的多维贫困贡献率为：

$$G_j=\frac{M_{0j}}{M_0} \tag{8-7}$$

第二节　多维贫困指数测度结果

本节对甘、陕、新三省区的受访家庭进行了多维度的贫困测度，以整体了解陕西省、甘肃省、新疆维吾尔自治区三省区的贫困状况。

如表8-2所示，甘、陕、新三省区受访家庭至少在一个维度上存在贫困的发生率是86%，至少在两个维度上存在贫困的发生率是79%，至少在三个维度上存在贫困的发生率是66%，至少在四个维度上存在贫困的发生率是40%。由此可以说明，甘、陕、新三省区家庭的贫困类型具有多样性，不能仅从单个维度来分析贫困问题。从多维贫困指数来看，当从$k=1$延伸到$k=3$时，贫困发生率从86%下降到66%，多维贫困指数仅下降了3个百分点，而贫困剥夺份额上升了6个百分点，即虽然贫困的发生率有较大幅度下降，但贫困的强度增强了。

表8-2　受访家庭贫困发生率、多维贫困指数和贫困剥夺份额

k	贫困发生率（H）	多维贫困指数（M_0）	贫困剥夺份额（A）
1	0.86	0.2746	0.3193
2	0.79	0.2683	0.3396
3	0.66	0.2458	0.3724
4	0.40	0.1765	0.4413
5	0.15	0.0796	0.5307
6	0.02	0.0118	0.5900

数据来源：2017年12月至2018年2月“健康扶贫与人口发展”专项调查。

通过对 k 取 1 到 6 时对多维贫困指数的不同维度进行分解得出，生活水平维度对甘、陕、新三省区受访家庭多维贫困的贡献率最高，均在 40% 左右，其次是健康维度，达到 30% 以上。随着 k 的增大，健康维度和教育维度的贡献率逐渐增大，生活水平维度的贡献率逐渐减小（见表 8－3）。健康和生活水平两个维度对多维贫困的贡献率达到了 70% 以上，是影响甘、陕、新三省区受访家庭多维贫困的主要因素。

表 8－3　不同维度多维贫困指数分解值

k	教育	成人教育	适龄儿童入学	健康	健康状况	新农合	生活水平	做饭燃料	厕所类型	照明	住房	垃圾处理
1	0. 1883	0. 1883	0. 0000	0. 3165	0. 2855	0. 0310	0. 4952	0. 1734	0. 1867	0. 0047	0. 0105	0. 1199
2	0. 1916	0. 1916	0. 0000	0. 3149	0. 2866	0. 0283	0. 4935	0. 1734	0. 1826	0. 0048	0. 0107	0. 1220
3	0. 2010	0. 2010	0. 0000	0. 3165	0. 2880	0. 0285	0. 4826	0. 1670	0. 1722	0. 0049	0. 0115	0. 1270
4	0. 2329	0. 2329	0. 0000	0. 3274	0. 2975	0. 0299	0. 4400	0. 1452	0. 148	0. 0060	0. 0133	0. 1275
5	0. 2764	0. 2764	0. 0000	0. 3323	0. 2915	0. 0408	0. 3912	0. 1212	0. 1223	0. 0056	0. 0214	0. 1207
6	0. 2373	0. 2373	0. 0000	0. 3572	0. 2627	0. 0945	0. 3985	0. 1065	0. 1031	0. 0137	0. 0687	0. 1065

数据来源：2017 年 12 月至 2018 年 2 月“健康扶贫与人口发展”专项调查。

第三节　分区域、群体对比

本节对陕西省、甘肃省、新疆维吾尔自治区及非贫困户与贫困户的多维贫困指数分别进行了对比，以了解不同区域、不同群体的贫困特征。

如表 8－4 所示，非贫困户受访家庭在 $k=1$、$k=2$ 时存在贫困的发生率均高于贫困户受访家庭，但 k 取值为 1 到 6 时贫困户受访家庭的贫困剥夺份额均高于非贫困户受访家庭，即贫困户的贫困强度较大。在二者的共同作用下，贫困户的多维贫困指数值均高于非贫困户。

表 8－4　非贫困户与贫困户受访家庭多维贫困指数分解值

k	贫困发生率（H）		多维贫困指数（M_0）		贫困剥夺份额（A）	
	非贫困户	贫困户	非贫困户	贫困户	非贫困户	贫困户
1	0.475	0.383	0.2457	0.3093	0.5173	0.8076
2	0.416	0.372	0.2362	0.3072	0.5678	0.8258
3	0.320	0.340	0.2055	0.2944	0.6422	0.8659
4	0.170	0.227	0.1356	0.2258	0.7976	0.9947
5	0.056	0.092	0.0546	0.1100	0.9750	1.1957
6	0.006	0.013	0.0070	0.0176	1.1667	1.3538

数据来源：2017 年 12 月至 2018 年 2 月“健康扶贫与人口发展”专项调查。

从图 8－1 可以看出，贫困户在健康这一维度上的贡献率要明显高于非贫困户，这说明健康状况对贫困户的影响更大。而非贫困户在生活水平这一维度的贡献率更大。在教育这一维度的贡献率上，非贫困户与贫困户并不存在差异，均在 20% 左右。

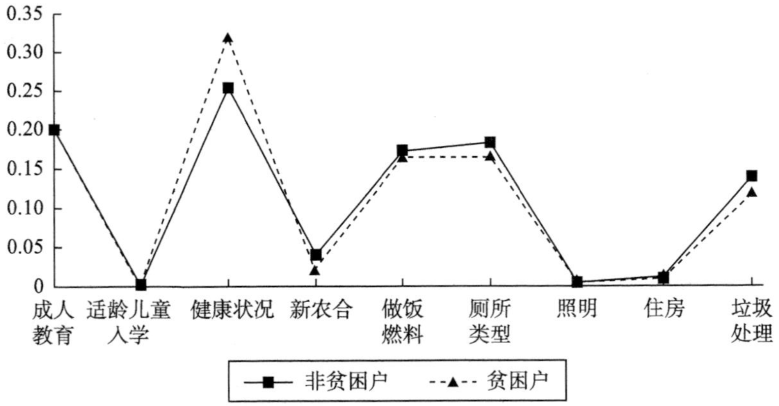

图 8－1　非贫困户与贫困户受访家庭多维贫困指数分解值

注：$k=3$。

数据来源：2017 年 12 月至 2018 年 2 月“健康扶贫与人口发展”专项调查。

如表 8－5 所示，甘肃省受访家庭在 k 取值为 1 到 6 时存在贫困的发生率均高于其他两省区受访家庭，其多维贫困指数也均高于其他两省区。这说明甘肃省贫困问题较为突出。在贫困剥夺份额上，新疆维吾尔自治区高于其他两省，说明新疆维吾尔自治区居民的贫困强度较大。

表 8－5　甘、陕、新三省区受访家庭多维贫困指数分解值

k	贫困发生率（H）			多维贫困指数（M_0）			贫困剥夺份额（A）		
	新疆	甘肃	陕西	新疆	甘肃	陕西	新疆	甘肃	陕西
1	0. 216	0. 322	0. 320	0. 2468	0. 3232	0. 2369	1. 1426	1. 0037	0. 7403
2	0. 205	0. 307	0. 277	0. 2601	0. 3199	0. 2272	1. 2688	1. 0420	0. 8202
3	0. 171	0. 277	0. 212	0. 2382	0. 3063	0. 1962	1. 3930	1. 1058	0. 9255
4	0. 094	0. 187	0. 117	0. 1570	0. 2425	0. 1294	1. 6702	1. 2968	1. 1060
5	0. 023	0. 089	0. 036	0. 0489	0. 1358	0. 0483	2. 1261	1. 5258	1. 3417
6	0. 004	0. 012	0. 004	0. 0091	0. 0205	0. 0057	2. 2750	1. 7083	1. 4250

数据来源：2017 年 12 月至 2018 年 2 月“健康扶贫与人口发展”专项调查。

如图 8－2 所示，新疆维吾尔自治区各指标的贡献率与其他两省有显著差异，教育维度的贡献率显著低于其他两省，而健康和生活水平两个维度则高于其他两省。这说明针对新疆维吾尔自治区制定减贫政策时，应重点关注健康和生活水平状况。

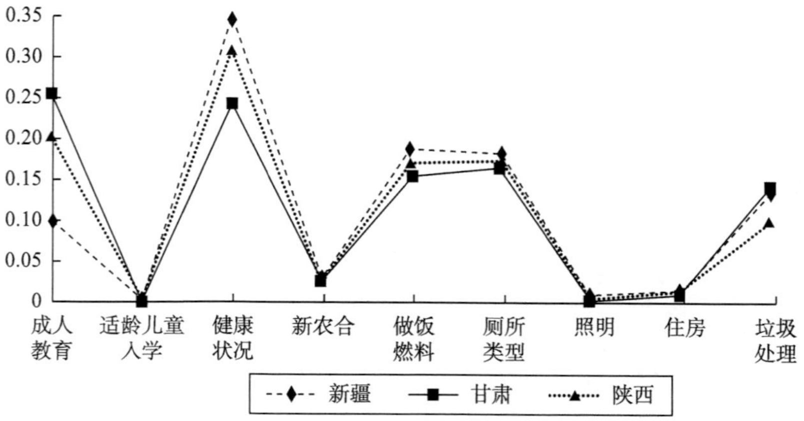

图 8－2　三省区受访家庭多维贫困指数分解值

注：$k=3$。

数据来源：2017 年 12 月至 2018 年 2 月“健康扶贫与人口发展”专项调查。

第四节　本章小结

本章主要通过多维贫困指数的计算对甘、陕、新三省区的多维贫困状况进行了测度，并对测度结果进行了分群体、分区域的对比，主要结论如下：

第一，从非贫困户与贫困户来看，贫困户的贫困强度较大，健康状况对贫困户的贫困贡献率大于非贫困户，说明健康对贫困户的影响更大。从甘、陕、新三省区的比较来看，甘肃省受访家庭的贫困发生率显著高于其他两省区，而新疆维吾尔自治区受访家庭的贫困强度是甘、陕、新三省区中最大的，健康对新疆维吾尔自治区受访家庭的贫困状况影响最大。

第二，总体来看，甘、陕、新三省区受访家庭的多维度贫困发生率较高，随着贫困维度的增大，贫困的强度逐渐增大。对多维贫困指数进行分解发现，对贫困的贡献率较大的指标依次为健康状况、成人教育、厕所类型和做饭燃料。随着贫困维度的增大，健康状况和成人教育的贡献率逐渐增大，是多维贫困的主要影响因素。

第九章　丝路沿线三省区居民扶贫项目满意度

健康扶贫项目是政府对居民健康关注的表现。本书通过调查居民对扶贫项目的知晓度、满意度和对扶贫项目的需求情况以及贫困户致贫原因、帮扶情况等来分析居民对扶贫项目的满意度。

第一节　扶贫项目满意度

扶贫项目包括居民建立电子健康档案、重特大疾病医疗救助、慢性病签约管理服务、县域内贫困人口先诊疗后付费服务、农村贫困人口家庭医生签约服务和贫困人口大病分类救治服务六个部分。

扶贫项目满意度分为知晓度、满意度和需求情况三个指标。知晓度通过向受访者提问“是否知晓这些项目”来测度；满意度通过受访者自评对这些项目“满意”“（感觉）一般”“不满意”来测度；而需求情况是受访者结合自身情况，选择对这些项目相应的需求度，即“很需要”“（感觉）一般”“不需要”三个具体选项。通过受访者的回答来反映受访者对健康扶贫项目的知晓度、满意度及需求情况，进一步分析贫困户、非贫困户和不同省份的受访者对健康扶贫项目的满意度。

从表 9－1 可以看出，在健康扶贫项目知晓度上，贫困户与非贫困户在重特大疾病医疗救助和慢性病签约管理服务两部分基本无差异，在居民建立电子健康档案、县域内贫困人口先诊疗后付费服务、农村贫困人口家庭医生签约服务和贫困人口大病分类救治服务四个部分的知晓情况上有差异。在居民建立电子健康档案知晓情况上，总体上有超过一半的受访者知道此项目，非贫困户中有 56.4% 的受访者知晓此项目，略低于总体平均水平（58%），贫困户中知晓此项目的受访者比例为 60%。在县域内贫困人口先诊疗后付费服务知晓情况上，总体上有 41.3% 的受访者知晓此项目，贫困户与非贫困户的知晓率分别为 44.5% 和 38.6%，非贫困户对县域内贫困人口先诊疗后付费项目的知晓率低于贫困户。在农村贫困人口家庭医生签约服务知晓情况上，总体上有 33.7% 的受访者知晓此项目，非贫困户中有 30.6% 的受访者知晓此项目，显著低于贫困户中知晓此项目的受访者比例（37.3%）。在贫困人口大病分类救治服务知晓情况上，总体上有 39% 的受访者知晓此项目，非贫困户中有 36.8% 的受访者知晓此项目，略低于贫困户中知晓此项目的受访者比例（41.7%）。

表 9－1　非贫困户与贫困户受访者健康扶贫项目知晓度值及范围比例

	总体	非贫困户	贫困户	LR/T 检验
居民建立电子健康档案	**(1 617)**	**(880)**	**(737)**	ns
知晓	58	56.4	60	
不知	42	43.6	40	
重特大疾病医疗救助	**(1 593)**	**(866)**	**(727)**	ns
知晓	55.8	55.1	56.7	
不知	43.9	44.7	43.1	
慢性病签约管理服务	**(1 608)**	**(877)**	**(731)**	ns
知晓	39.4	39.3	39.5	
不知	60.3	60.3	60.2	
县域内贫困人口先诊疗后付费服务	**(1 608)**	**(878)**	**(730)**	+
知晓	41.3	38.6	44.5	
不知	58.7	61.4	55.4	
农村贫困人口家庭医生签约服务	**(1 601)**	**(872)**	**(729)**	**
知晓	33.7	30.6	37.3	
不知	66.3	69.4	62.7	
贫困人口大病分类救治服务	**(1 602)**	**(873)**	**(729)**	ns
知晓	39	36.8	41.7	
不知	60.9	63.2	58.3	

注：*** 表示 $P<0.0001$，** 表示 $P<0.01$，* 表示 $P<0.05$，+ 表示 $P<0.1$，ns 表示不显著。
数据来源：2017 年 12 月至 2018 年 2 月“健康扶贫与人口发展”专项调查。

由表9-2可知，甘、陕、新三省区受访者健康扶贫项目知晓度上存在省际差异。在居民建立电子健康档案知晓情况上，新疆维吾尔自治区有高达69.5%的受访者知晓此项目，高于总体平均水平（58%），也高于甘肃（52.6%）、陕西（55.8%）两省水平。在重特大疾病医疗救助知晓情况上，新疆有65%的受访者知晓此项目，甘肃（53.1%）、陕西（52.5%）两省在重特大疾病医疗救助知晓情况上差异不大。在慢性病签约管理服务知晓情况上，新疆维吾尔自治区有50.4%的受访者知晓此项目，远高于甘肃省知晓的比例（31%）。在县域内贫困人口先诊疗后付费服务知晓情况上，新疆维吾尔自治区有47.7%的受访者知晓此项目，甘肃省、陕西省对此项目的知晓率分别为33.9%和44%，甘肃省受访者对县域内贫困人口先诊疗后付费服务项目的知晓率更是低于总体平均水平（41.3%）。在农村贫困人口家庭医生签约服务知晓情况方面，甘肃省仅有26.8%的受访者知晓此项目，显著低于总体平均水平（33.7%），也低于新疆维吾尔自治区（39.5%）、陕西省（36.4%）两省区。在贫困人口大病分类救治服务知晓情况方面，甘肃省仅有1/3的受访者知晓此项目，比新疆维吾尔自治区、陕西省两省区都低，陕西省的受访者在此项目上的知晓率高出甘肃省10%。

表9-2　甘、陕、新三省区受访者健康扶贫项目知晓度值及范围比例

	总体	新疆	甘肃	陕西	LR/T 检验
居民建立电子健康档案	**(1 618)**	**(400)**	**(578)**	**(640)**	***
知晓	58	69.5	52.6	55.8	
不知	42	30.5	47.4	44.2	
重特大疾病医疗救助	**(1 594)**	**(389)**	**(571)**	**(634)**	***
知晓	55.8	65	53.1	52.5	
不知	44.3	35	46.9	47.4	
慢性病签约管理服务	**(1 609)**	**(399)**	**(577)**	**(633)**	***
知晓	39.4	50.4	31	40.1	
不知	60.6	49.6	69	59.9	
县域内贫困人口先诊疗后付费服务	**(1 609)**	**(392)**	**(578)**	**(639)**	***

续表

	总体	新疆	甘肃	陕西	LR/T 检验
知晓	41.3	47.7	33.9	44	
不知	58.7	52.3	66.1	56	
农村贫困人口家庭医生签约服务	**(1 602)**	**(390)**	**(578)**	**(634)**	***
知晓	33.7	39.5	26.8	36.4	
不知	66.3	60.5	73.2	63.6	
贫困人口大病分类救治服务	**(1 603)**	**(389)**	**(574)**	**(640)**	*
知晓	39	40.4	33.3	43.3	
不知	61	59.6	66.7	56.7	

注：*** 表示 $P<0.0001$，** 表示 $P<0.01$，* 表示 $P<0.05$，+ 表示 $P<0.1$，ns 表示不显著。
数据来源：2017 年 12 月至 2018 年 2 月“健康扶贫与人口发展”专项调查。

从表 9－3 可以看出，在健康扶贫项目满意度上，贫困户、非贫困户存在明显差异。在居民建立电子健康档案满意度方面，总体上有达 60.7% 的受访者对此项目表示“满意”，但非贫困户中有 54.2% 的受访者“满意”此项目，显著低于贫困户受访者中“满意”此项目的比例（67.7%），但非贫困户中却有 3.3% 的受访者表示对居民建立电子健康档案“不满意”，远远高于贫困户中对此项目“不满意”的比例（0.4%）。在重特大疾病医疗救助满意度方面，总体上有达 59.2% 的受访者表示对此项目“满意”，依然是贫困户对此项目的满意度（63.9%）高于非贫困户对此项目的满意度（55.1%）。在慢性病签约管理服务满意度方面，总体上有 56.6% 的受访者对此项目表示“满意”。在县域内贫困人口先诊疗后付费服务满意度方面，总体上有达 62.4% 的人“满意”此项目，贫困户、非贫困户对此项目的满意度分别为 70% 和 55.3%，非贫困户对县域内贫困人口先诊疗后付费服务项目“满意”的比例显著低于贫困户对此项目“满意”的比例。在农村贫困人口家庭医生签约服务满意度方面，贫困户中有 65.2% 的受访者对此项目表示“满意”，但非贫困户中仅有 52% 的受访者“满意”此项目，显著低于贫困户中“满意”此项目的受访者比例。在贫困人口大病分类救治服务满意度方面，总体上有超过一半的受访者“满意”此项目，但非贫困户中仅 49% 的受访者“满意”此项目，显著低于贫困户受访者对此项目“满意”的比例（63.2%）。

表 9－3　非贫困户与贫困户受访者健康扶贫项目满意度值及范围比例

单位：%

	总体	非贫困户	贫困户	LR/T 检验
居民建立电子健康档案	**(974)**	**(509)**	**(465)**	***
满意	60. 7	54. 2	67. 7	
一般	37. 4	42. 4	31. 8	
不满意	2	3. 3	0. 4	
重特大疾病医疗救助	**(941)**	**(501)**	**(440)**	*
满意	59. 2	55. 1	63. 9	
一般	36. 9	41. 3	31. 8	
不满意	3. 9	3. 6	4. 3	
慢性病签约管理服务	**(709)**	**(382)**	**(327)**	*
满意	56. 6	51. 8	62. 1	
一般	39. 2	44. 8	32. 7	
不满意	4. 2	3. 4	5. 2	
县域内贫困人口先诊疗后付费服务	**(729)**	**(376)**	**(353)**	***
满意	62. 4	55. 3	70	
一般	33. 5	40. 2	26. 3	
不满意	4. 1	4. 5	3. 7	
农村贫困人口家庭医生签约服务	**(631)**	**(321)**	**(310)**	**
满意	58. 5	52	65. 2	
一般	36. 5	43. 6	29	
不满意	5. 1	4. 4	5. 8	
贫困人口大病分类救治服务	**(695)**	**(355)**	**(340)**	**
满意	56	49	63. 2	
一般	39. 4 +	46. 2	32. 4	
不满意	4. 6	4. 8	4. 4	

注：*** 表示 P＜0. 0001，** 表示 P＜0. 01，* 表示 P＜0. 05，＋表示 P＜0. 1，ns 表示不显著。

数据来源：2017 年 12 月至 2018 年 2 月“健康扶贫与人口发展”专项调查。

从表 9－4 可以看出，甘、陕、新三省区受访者在健康扶贫项目满意度上存在省际差异。在居民建立电子健康档案满意情况方面，新疆维吾尔自治区有高达 77% 的受访者“满意”此项目，显著高于总体平均水平（60. 7%），更远高于甘肃省（52. 2%）、陕西省（55. 6%）两省水平。在重特大疾病医疗救助满意情况方面，新疆维吾尔自治区有 67. 6% 的受访者表示对此项目“满意”，高于总体平均水平（59. 2%）。在慢性病签约管理服务满意情况方面，新疆维吾尔自治区有68.2%的受访者表示对此项目“满意”，而甘肃省(50.5%)、陕西省(51.9%)两省的受访者满意慢性病签约管理服务项目的比例差异不大。在县域内贫困人口先诊疗后付费服务满意情况方面，陕西省对此项目“满意”的受访者仅有56.3%，比新疆维吾尔自治区对此项目“满意”的受访者比例低11.1%。在农村贫困人口家庭医生签约服务满意情况方面，陕西省仅有53.1%的受访者“满意”此项目，显著低于总体平均水平(58.5%)；而新疆、甘肃两省区对此项目“满意”的受访者比例均为62.2%。在贫困人口大病分类救治服务满意情况方面，陕西省仅有46.7%的受访者对此项目表示“满意”，比新疆维吾尔自治区、甘肃省两省区都低，甘肃省受访者在此项目上的满意率甚至比陕西省受访者在此项目上的满意率高了将近20%。

表9-4 甘、陕、新三省区受访者健康扶贫项目满意度值及范围比例

	总体	新疆	甘肃	陕西	LR/T 检验
居民建立电子健康档案	**(975)**	**(283)**	**(318)**	**(374)**	***
满意	60.7	77	52.2	55.6	
一般	37.3	21.6	45.9	42	
不满意	1.9	1.4	1.9	2.4	
重特大疾病医疗救助	**(941)**	**(278)**	**(327)**	**(336)**	+
满意	59.2	67.6	57.8	53.6	
一般	36.9	29.1	38.5	41.7	
不满意	3.9	3.2	3.7	4.8	
慢性病签约管理服务	**(709)**	**(223)**	**(222)**	**(264)**	**
满意	56.6	68.2	50.5	51.9	
一般	39.2	29.1	44.1	43.6	
不满意	4.2	2.7	5.4	4.5	
县域内贫困人口先诊疗后付费服务	**(729)**	**(215)**	**(214)**	**(300)**	*
满意	62.4	67.4	65.9	56.3	
一般	33.5	30.7	29.4	38.3	

续表

	总体	新疆	甘肃	陕西	LR/T 检验
不满意	4.1	1.9	4.7	5.3	
农村贫困人口家庭医生签约服务	**(632)**	**(193)**	**(185)**	**(254)**	+
满意	58.5	62.2	62.2	53.1	
一般	36.4	34.7	30.8	41.7	
不满意	5.1	3.1	7	5.1	
贫困人口大病分类救治服务	**(695)**	**(201)**	**(218)**	**(276)**	**
满意	56	58.7	65.1	46.7	
一般	39.4	37.8	29.8	48.2	
不满意	4.6	3.5	5	5.1	

注：*** 表示 P<0.0001，** 表示 P<0.01，* 表示 P<0.05，+表示 P<0.1，ns 表示不显著。
数据来源：2017 年 12 月至 2018 年 2 月“健康扶贫与人口发展”专项调查。

从表 9-5 可以看出，在健康扶贫项目需求度上，贫困户与非贫困户存在明显差异。在居民建立电子健康档案需求度方面，总体上有 71.1% 的受访者对此项目表示“很需要”，但非贫困户中有 68.7% 的受访者表示“很需要”此项目，显著低于贫困户受访者中需求此项目的比例（74.1%）。在重特大疾病医疗救助需求度方面，总体上有达 75% 的受访者表示对此项目“很需要”，依然是贫困户对此项目“很需要”的比例（79.6%）高于非贫困户对此项目“很需要”的比例（71.4%）。在慢性病签约管理服务需求度方面，贫困户受访者对此项目表示“很需要”的比例（80.2%）显著高于总体平均水平（73.9%），更远高于非贫困户受访者对此项目“很需要”的比例（68.9%）。在县域内贫困人口先诊疗后付费服务需求度方面，总体上有 75% 的受访者表示“很需要”，贫困户、非贫困户对此项目表示“很需要”的比例分别为 82% 和 69.4%，贫困户对县域内贫困人口先诊疗后付费服务项目“很需要”的比例显著高于非贫困户对此项目“很需要”的比例。在农村贫困人口家庭医生签约服务需求度方面，贫困户中有 78% 的受访者对此项目表示“很需要”，但非贫困户中仅有 65.6% 的受访者对此项目表示“很需要”，显著低于贫困户中“很需要”此项目的受访者比例。在贫困人口大病分类救治服务需求度方面，总体上有72%的受访者对此项目表示“很需要”，但非贫困户中仅67.5%的受访者对此项目表示“很需要”，显著低于贫困户受访者对此项目表示“很需要”的比例（77.4%）。

表9－5　非贫困户与贫困户受访者健康扶贫项目需求度值及范围比例

	总体	非贫困户	贫困户	LR/T检验
居民建立电子健康档案	**(1480)**	**(817)**	**(663)**	+
很需要	71.1	68.7	74.1	
一般	27.2	29.3	24.6	
不需要	1.8	2.1	1.4	
重特大疾病医疗救助	**(1456)**	**(814)**	**(642)**	**
很需要	75	71.4	79.6	
一般	23	26	19.2	
不需要	2	2.6	1.2	
慢性病签约管理服务	**(1481)**	**(819)**	**(662)**	***
很需要	73.9	68.9	80.2	
一般	23.9	28.7	18	
不需要	2.2	2.4	1.8	
县域内贫困人口先诊疗后付费服务	**(1489)**	**(824)**	**(665)**	***
很需要	75	69.4	82	
一般	22.9	27.8	16.8	
不需要	2.1	2.8	1.2	
农村贫困人口家庭医生签约服务	**(1481)**	**(812)**	**(669)**	***
很需要	71.2	65.6	78	
一般	25.3	29.9	19.7	
不需要	3.4	4.4	2.2	
贫困人口大病分类救治服务	**(1477)**	**(810)**	**(667)**	***
很需要	72	67.5	77.4	
一般	24.4	28.1	19.8	
不需要	3.7	4.3	2.8	

注：***表示P<0.0001，**表示P<0.01，*表示P<0.05，+表示P<0.1，ns表示不显著。
数据来源：2017年12月至2018年2月“健康扶贫与人口发展”专项调查。

从表9－6可以看出，甘、陕、新三省区受访者在健康扶贫项目需求度上存在省际差异。在居民建立电子健康档案需求度方面，新疆维吾尔自治区有高达78.4%的受访者表示“很需要”此项目，显著高于总体平均水平（71.1%），更远高于甘肃省（70.1%）、陕西省（67.8%）两省水平。在重特大疾病医疗救助需求度方面，新疆维吾尔自治区有80.1%的受访者对此项目表示“很需要”，高于总体平均水平（75%），更远高于陕西省对此项目“很需要”的受访者的比例（69. 3%）。在慢性病签约管理服务需求度方面，新疆维吾尔自治区有79.3%的受访者对此项目表示“很需要”，而甘肃、陕西两省的受访者表示“很需要”慢性病签约管理服务项目的比例差异不大，分别为77.3%和67.9%。在县域内贫困人口先诊疗后付费服务需求度方面，新疆维吾尔自治区对此项目表示“很需要”的受访者达80.9%，比陕西省对此项目表示“很需要”的受访者比例高11.9%。在农村贫困人口家庭医生签约服务需求度方面，陕西省仅有66.9%的受访者表示“很需要”此项目，显著低于总体平均水平（71.2%）；而新疆维吾尔自治区、甘肃省两省区对此项目表示“很需要”的受访者比例分别为76.4%和72.6%。在贫困人口大病分类救治服务需求度方面，陕西省仅有66.1%的受访者对此项目表示“很需要”，比新疆维吾尔自治区、甘肃省两省区都低，新疆维吾尔自治区的受访者在此项目上表示“很需要”的比例甚至比陕西省受访者高出11%。

表9－6　甘、陕、新三省区受访者健康扶贫项目需求度值及范围比例

	总体	新疆	甘肃	陕西	LR/T检验
居民建立电子健康档案	**(1 481)**	**(348)**	**(525)**	**(608)**	**
很需要	71.1	78.4	70.1	67.8	
一般	27.1	20.1	28.6	29.9	
不需要	1.8	1.4	1.3	2.3	
重特大疾病医疗救助	**(1 457)**	**(336)**	**(524)**	**(597)**	***
很需要	75	80.1	78.2	69.3	
一般	23	19.6	20	27.5	

续表

	总体	新疆	甘肃	陕西	LR/T 检验
不需要	2	0.3	1.7	3.2	
慢性病签约管理服务	**(1 482)**	**(352)**	**(529)**	**(601)**	***
很需要	74	79.3	77.3	67.9	
一般	23.9	20.2	20.2	29.3	
不需要	2.2	0.6	2.5	2.8	
县域内贫困人口先诊疗后付费服务	**(1 490)**	**(346)**	**(544)**	**(600)**	***
很需要	75	80.9	77.9	69	
一般	22.9	17.9	21.3	27.2	
不需要	2.1	1.2	0.7	3.8	
农村贫困人口家庭医生签约服务	**(1 482)**	**(352)**	**(526)**	**(604)**	ns
很需要	71.2	76.4	72.6	66.9	
一般	25.4	20.7	24.1	29.1	
不需要	3.4	2.8	3.2	4	
贫困人口大病分类救治服务	**(1 478)**	**(340)**	**(540)**	**(598)**	***
很需要	71.9	77.1	75.2	66.1	
一般	24.4	19.1	22.8	28.9	
不需要	3.7	3.8	2	5	

注：*** 表示 $P<0.0001$，** 表示 $P<0.01$，* 表示 $P<0.05$，+ 表示 $P<0.1$，ns 表示不显著。
数据来源：2017 年 12 月至 2018 年 2 月“健康扶贫与人口发展”专项调查。

第二节　贫困户帮扶情况

贫困户帮扶情况包括贫困户致贫原因、贫困户帮扶措施获得情况和贫困户帮扶效果三个指标。贫困户致贫原因通过向贫困户提问“您家的主要致贫原因是什么”来测度；贫困户帮扶措施获得情况通过向贫困户提问“您家是否获得了以下帮扶措施”来测度；贫困户帮扶效果通过向贫困户提问“在政府的帮助下，您认为您家近一年来下列方面是否有改善”来测度。其中，致贫原因可供选择的答案有因病、因残、因学、因灾、缺土地、缺水、缺技术、缺劳动力、缺资金和其他 10 个方面。贫困户帮扶措施可供选择的答案有危房改造、医疗救助、小额信用贷款、子女助学补贴、最低生活保障、劳动力技能培训、易地扶贫、参与村庄基础设施建设从而获得相关收入、发展特色产业和其他 10 个方面。在政府的帮扶下，贫困情况有所改善可供选择的答案有收入增加、住房条件改善、医疗费用降低、子女读书条件改善、就业人数增加和生活条件改善六个方面。贫困户的回答内容所占比例反映了贫困户的帮扶情况。

由图 9－1 可知，对贫困户来说，在 10 个致贫原因中，有超一半的人都选择了因病、因学、缺土地、缺技术、缺劳动力和缺资金六个方面。首先，最高的是因缺乏资金导致贫困，其比例高达 87%；其次是因病致贫，其比例达 77.3%；再次是因缺乏技术导致贫困，其比例达 76.6%；复次是因缺劳动力导致贫困，这部分比例为 74.7%；最后是因学致贫和因缺土地导致贫困，其比例分别为 59.1% 和 52.6%。

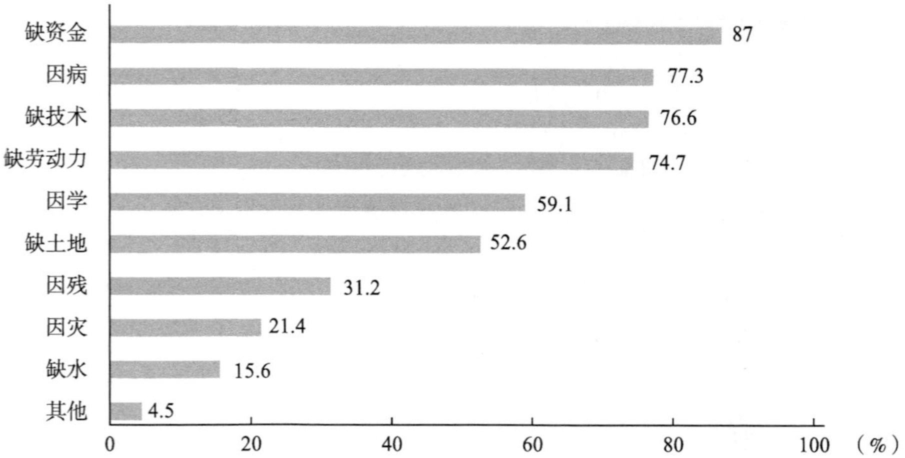

图 9－1　贫困户致贫原因分析

数据来源：2017 年 12 月至 2018 年 2 月“健康扶贫与人口发展”专项调查。

由图 9－2 可知，对贫困户来说，在 10 个贫困户帮扶措施中，仅在危房改造、医疗救助、最低生活保障和子女助学补贴四个方面获得帮扶措施比例略高。其中贫困户获得帮扶措施比例最高的是医疗救助，达72.1%，这可能与政府近年来关注居民健康有关；其次是最低生活保障，其比例为60.2%；再次是危房改造，其比例为59%；最后是子女助学补贴，所占比例为49.8%。其余贫困户获得小额信用贷款、劳动力技能培训、易地扶贫，参与村庄基础设施建设从而获得相关收入和发展特色产业这些帮扶措施的比例分别为43.4%、22.1%、15.5%、12.4%和11%。

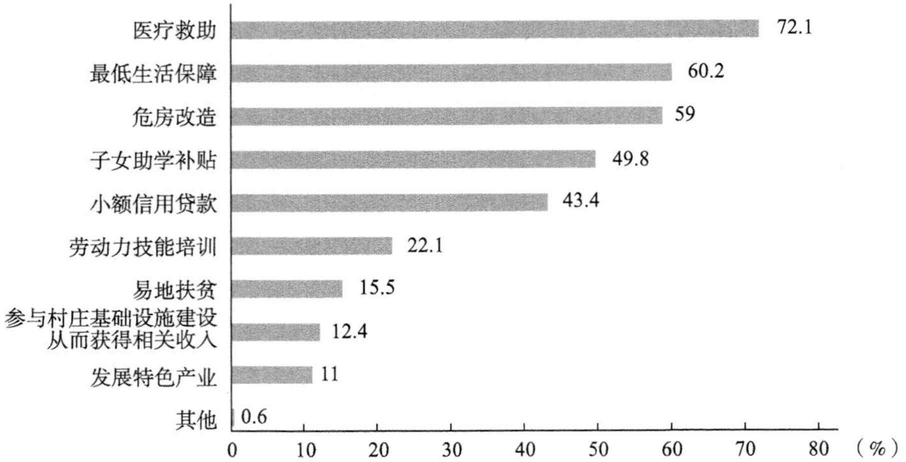

图9-2　贫困户帮扶措施获得情况分析

数据来源：2017年12月至2018年2月“健康扶贫与人口发展”专项调查。

由图9-3可以看出，贫困户帮扶效果最为明显的是医疗费用降低，其比例达73.6%；其次是生活条件和住房条件的改善，贫困户认为两者有所改善的比例分别为58.3%和57.8%，差异不大；再次是收入增加和子女读书条件改善，比例分别为53%和50.8%；最后是就业人数增加，其改善情况不明显，所占比例仅为14.5%，与其他在政府的帮扶下有所改善的方面相比，差距较大。

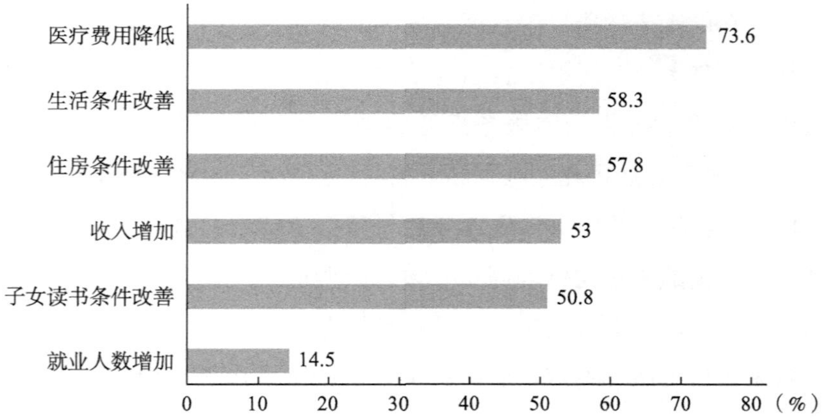

图 9－3　贫困户帮扶效果分析

数据来源：2017 年 12 月至 2018 年 2 月“健康扶贫与人口发展”专项调查。

第三节　本章小结

本章主要通过分析甘、陕、新三省区的受访者在扶贫项目各方面情况及所得扶贫帮扶措施、帮扶效果上的评价，得出以下结论：

第一，在健康扶贫项目知晓度方面，非贫困户在县域内贫困人口先诊疗后付费服务、农村贫困人口家庭医生签约服务和贫困人口大病分类救治三个部分的受访者知晓率均低于贫困户受访者知晓率，很有可能因为这三个项目是主要针对贫困户的帮扶而不涉及非贫困户。新疆维吾尔自治区的受访者除了贫困人口大病分类救治服务部分外，其余五个项目（居民建立电子健康档案、重特大疾病医疗救助、慢性病签约管理服务、县域内贫困人口先诊疗后付费服务和农村贫困人口家庭医生签约服务）的知晓率均高于甘肃、陕西两省，其中有超过 2/3 的受访者知晓居民建立电子健康档案项目。而甘肃省健康扶贫项目的知晓率均低于新疆维吾尔自治区、陕西省两省区。总体来说，新疆维吾尔自治区的健康扶贫项目知晓情况较好，陕西省次之，甘肃省的健康扶贫项目知晓情况最差。

第二，在健康扶贫项目满意度方面，非贫困户受访者对各项目非常满意的比例均低于贫困户。新疆维吾尔自治区对健康扶贫项目六个方面的满意度除去贫困人口大病分类救治服务满意的受访者比例（58.7%）低于甘肃省（65.1%）之外，在居民建立电子健康档案、重特大疾病医疗救助、慢性病签约管理服务、县域内贫困人口先诊疗后付费服务和农村贫困人口家庭医生签约服务五个方面的满意比例均高于甘肃、陕西两省。而陕西省在重特大疾病医疗救助、县域内贫困人口先诊疗后付费服务、农村贫困人口家庭医生签约服务和贫困人口大病分类救治服务四个方面的满意比例均为甘、陕、新三省区最低。这很有可能是新疆维吾尔自治区的健康扶贫扶持力度较大所致，也可能是陕西省受访者要求较高导致。

第三，在健康扶贫项目需求度方面，非贫困户对居民建立电子健康档案、重特大疾病医疗救助、慢性病签约管理服务、县域内贫困人口先诊疗后付费服务、农村贫困人口家庭医生签约服务和贫困人口大病分类救治服务六个部分的需求比例均低于贫困户。新疆维吾尔自治区、甘肃省两省区对居民建立电子健康档案、重特大疾病医疗救助和慢性病签约管理服务需求度比陕西省高，特别是新疆维吾尔自治区，对以上三部分的需求较高。陕西省对这三部分的需求度比新疆维吾尔自治区、甘肃省两省区低，表明其健康扶贫项目的相关工作做得比新疆维吾尔自治区、甘肃省两省区好。总的来说，陕西省的健康扶贫项目工作做得较好，而新疆维吾尔自治区、甘肃省两省区相较之下仍需提高。

第四，在贫困户帮扶情况方面，在贫困户致贫原因调查中，有超半成的人选择了因病、因学、缺土地、缺技术、缺劳动力和缺资金六个方面，其中致贫原因比例最高的是缺资金；在贫困户帮扶措施获得情况调查中，危房改造、医疗救助、最低生活保障和子女助学补贴四个方面帮扶措施获得的比例略高，其中获得帮扶措施比例最高的是医疗救助，达72.1%；在贫困户帮扶效果调查中，贫困户帮扶效果最为明显的是医疗费用降低，其比例高达73.6%。综上，在贫困户帮扶情况方面，医疗救助效果更明显。

第十章　我国健康扶贫政策沿革与政策分析

第一节　健康扶贫政策沿革

健康人力资本是人力资本的重要形式之一，因此人民群众的健康可以看成是其发挥人力资本功能的一种关键性的基本能力，健康能力被剥夺是导致贫困的一种形式，也是导致收入贫困的重要原因。很多国内外研究者都认识到健康贫困是贫困的一个重要内容。健康贫困是健康能力的被剥夺和健康能力的缺失而导致的贫困，指由于经济发展落后所导致的享受基本卫生公共服务和参与医疗保障的机会丧失，由此造成健康水平的降低，从而致使参与经济活动的能力被剥夺（Sen，1976）。国际社会和许多发展中国家的政策都从可行能力入手，实施的精准扶贫政策提升了贫困人口的就医率，改善了贫困家庭的营养条件和健康水平，提高了贫困人口的工作能力和社会参与能力（Barrientos，2013）。张奎力考察了发展中国家的卫生筹资和服务提供体系，认为发展中国家需要扩大医疗保障覆盖面，需要重新关注初级卫生保健和公用卫生（张奎力，2010）。

我国精准健康扶贫工作虽然开始于2016年，但是医疗卫生扶贫工作却始于新中国成立初期。1956年第一届全国人民代表大会第三次会议颁布了《高级农业生产合作示范章程》，预示着面向广大农村地区居民的合作型医疗保障体系基本完成。之后我国在健康扶贫内容、体制机制、资源分配等方面都积极开展作，并取得一定成效，极大推动了健康扶贫事业建设。新中国成立以来，农村集中发展集体经济，加之农村合作化运动的开展，以集体经济为依托的农村三级预防保健网初步形成，农村合作医疗出现且快速发展。1965年，毛泽东主席提出卫生下乡、培训一大批“赤脚医生”，保健站、赤脚医生和合作医疗成为当时农村工作的“三大法宝”（宋俐，2008），极大缓解了农村地区的医疗困难，对广大农民的医疗救助起到了积极作用。自1978年改革开放以来，合作医疗救助制度由于失去集体经济支持从而受到很大冲击，农村公共卫生服务一度处于空白状态。进入21世纪，我国的经济、政治和社会发展环境发生了很大变化，经济的快速发展为建立完善科学的农村医疗卫生服务体系奠定了坚实的经济基础并提供了物质保障。2002年，中共中央、国务院发布《关于进一步加强农村卫生工作的决定》，提出“建立和完善农村合作医疗制度和医疗救助制度”，并决定由政府对两项制度给予支持（蒋中一，2007）。2002年民政部、卫生部、财政部联合发布《关于实施农村医疗救助的意见》，开始在全国范围建立专门针对农村贫困人口的医疗救助试点工作（王震，2017）。到2005年，这两项制度基本全面在农村地区由试点转为正式施行，医疗救助对象主要是针对农村特困人口及其家庭，提供合作医疗参保资金和对于合作医疗补偿后的大额医疗费用进行补偿（蒋中一，2007；王震，2017）。

2016年，国家卫生计生委等15部门联合发布《关于实施健康扶贫工程的指导意见》（国卫财务发〔2016〕26号），全面推进和落实健康扶贫工作，保障贫困地区和贫困人口享有基本医疗卫生服务，防止“因病致贫、因病返贫”。针对农村贫困人口“因病致贫、因病返贫”问题，以核准农村贫困人口情况为基础，建档立卡，开展签约服务，采取不同措施，实施分类救治；“三个‘一批’”行动计划（大病集中救治一批、慢病签约服务管理一批、重病兜底保障一批）、贫困人口大病专项救治、县域内先诊疗后付费、推进家庭医生签约服务工作等方案的出台，极大减轻了我国贫困地区贫困人口医疗费用负担。

第二节　社会精准治理理论

近些年来，随着我国进入深度转型期，社会矛盾更加复杂。长期以来，“粗放式”管理模式越来越无法适应社会发展的要求，存在的问题也更加突出（南锐、康琪，2018）。2015 年 10 月，党的十八届五中全会首次提出“要加强和创新社会治理，推进社会治理精细化”。社会精准治理的提出，标志着党和政府对我国社会治理规律的认识和理解提升到了一个新的层次，即从社会管理转向社会治理，进而转向社会精准化治理。

社会精准治理是基于社会治理理论的重大转型。社会治理理论从提出到现在，经历了两次较为重要的转型：第一次是从社会管理到社会治理的转型，第二次是从粗放式到精准化的转型（瓦格，2007）。这两次转型不但是对原有治理模式的改进，而且是对该治理模式的创新。从“粗放式”管理到“精准化”治理，即社会精准治理的提出，是从粗放式管理到精准化治理的转变，是建立在对粗放式治理理论的批判与反思的基础上，形成一种针对不同区域发展现状的可持续发展模式。社会的不断发展进步对“精准”这一概念注入了新的内涵，如精准时间管理、精准产业定位、精准信息传播、精准问题处置等。较为典型的是 1990 年美国提出的“高级精准农业”的理论与战略模式，已经成为全球农业发展的样板（张鸿雁，2016）。近年来，随着科学技术的极速发展，大数据、互联网 + 等的广泛应用，“精准营销”“精准广告”“精准扶贫”等新思维与方法的产生，为“社会精准治理”提供了理论和技术前提。

目前，学术界对于社会精准治理的内涵尚未有统一的界定，张鸿雁指出，社会精准治理是解决中国现阶段存在的“短板问题”的切入点，在问题精准定位的前提下，推行精准管理、精准对策、精准扶贫和精准目标的模式，以应对时代的挑战（张鸿雁，2016）。南锐指出，社会精准治理的价值取向是“人的精准管理与服务”，精准识别个人、群体的需求与利益，提供精准管理与服务，从而精准维系秩序、精准保障权利和精准改善民生（南锐，2018）。吴新叶认为，对于构建全民“共享”的社会治理格局与激活“共建”诸主体的发展潜力的精细化是为社会治理提供管控的依据（吴新叶，2016）。门婷婷认为，社会治理精细化主要包括制度设计、政策执行、协同机制、服务对象和结果测量的精细化五个方面，这五个方面相互协调、共同发展（门婷婷，2017）。

第三节　健康扶贫政策实施偏差性分析

精准健康扶贫政策实施以来，基于前文对社会精准治理模式的本土化，从政策主体精准规定、政策客体精准界定、政策目标精准设定与政策工具精准选定四个层面对陕西省、甘肃省和新疆维吾尔自治区在健康扶贫工作中出现的问题进行剖析，分析发现主要存在以下七个方面的问题：政策主体规定不精准，治理碎片化；精准识别瞄准目标偏离，存在“精英捕获”现象；政策主体资源精准管理缺乏系统性，动力不足；基层村卫生室无人问津，异地就医人数不断增长；事后补偿为主，过分依赖财政资金支持；政策客体可行能力低下，群众获得感偏低；大数据运用不成熟，信息共享程度偏低。

一、政策主体规定不精准，治理碎片化

尚未实现从碎片化政策到整体性政策的转变，工作效能偏低。我国的精准健康扶贫工程由国家 15 个部门联合开展，这些部门需要通过横向联动合作以及纵向上下各级政府的协调运作，加之新农合、基本医保、大病保险等医疗保险制度的有效衔接，才能充分、有效发挥健康扶贫的机制效能。随着健康扶贫制度的不断完善与精准化，扶贫工作逐渐细化和具体化，碎片化和条块化的治理模式也存在于健康扶贫工程中（万宇、李博，等，2016）。一是这种多部门管理体制中的碎片化治理，加大了健康扶贫工作实践的部门协调成本，进而降低了工作效能。对于健康扶贫的推动实际依托于“新农合”体制，

陕西省其他市县新农合都是统一由卫计部门管理，但延安、韩城两市的新农合归口人力资源和社会保障局管理，独特的健康扶贫卫计、人社“两条线”管理体制，加大了两部门协调成本，进而降低了工作效能。二是各部门和层级之间缺少协调互动，降低了健康扶贫工作的开展效果。一方面，上级政府在制定政策与出台新方案时没有考虑基层部门操作的合理性，导致政策在基层无法有效开展；另一方面，上级政府政策制定的原则性与系统性使得具体政策在基层落实模糊化，由于缺乏深入调查与走访，政策的实施是否符合当地具体情况，这些都对基层工作提出了较大挑战，政策的决策忽视了健康扶贫的精准性。

二、精准识别瞄准目标偏离，存在“精英捕获”现象

由于致贫原因的动态性与多样性，精准识别出现不确定性。在健康扶贫中，精准识别贫困地区因病致贫返贫人口，是将健康扶贫资源精准投放给贫困患者从而实现脱贫的关键因素。我国的精准识别经历了两个阶段，先是对国家级、省级贫困地区贫困县以及贫困村的识别，再是对精准扶贫下的建档立卡贫困户的识别。建档立卡贫困人口致贫原因的动态性与多样性，导致在上报数据时出现不确定性与人为选择，从而造成数据不统一与不精确。瞄准目标偏离，存在“精英捕获”现象。精英捕获是当外部资源输送进入社区时会出现的一种情况，即是指本应该惠及大众的资源被少数群体（常常是政治或经济上有权力的集团）占有，从而导致在政治和经济上权力较弱的集团的利益受到损害的现象（张倩，2014）。我国已经开展的大量扶贫研究显示，无论采取何种瞄准手段，扶贫资源“扶富不扶贫”的问题一直没有得到很好的解决，健康扶贫也面临着卫生资源瞄准与传递的偏差问题。由于制度的缺陷，基层干部“推估”贫困户也不能得到很好的监督控制，使得“人情扶贫”“关系扶贫”等问题层出不穷，造成“应扶未扶”“扶了相对富的却漏了穷的”等社会不公现象。以收入和基层干部“推估”作为贫困户的识别标准显然具有一定的局限性，存在一定的难选、漏选问题。在扶贫项目是否漏掉一些贫困家庭或是错给了非贫困家庭的问题上，甘肃省与陕西省分别有 35.9%、

31.8%的村民认为存在漏掉或者错给扶贫资源，并且甘肃省的比重高于陕西省。由此可见，扶贫资源在上下传递过程中出现较为严重的“精英捕获”现象，致使扶贫资源不能有效地投放于急需的贫困患者，这不仅是对扶贫资源的一种浪费，也导致贫困患者无法获得有效的医疗卫生服务和疾病救助，从而长久地陷入因病致贫、因病返贫的困境中，加重了健康扶贫的负担。

三、政策主体资源精准管理缺乏系统性，动力不足

健康扶贫人才、技术缺乏，医疗卫生资源供给不足。长期以来，我国高质量的卫生技术人员大多分布在大中型医疗机构，基层医疗卫生机构整体素质偏低、服务能力不足、利用效率不高，造成贫困地区优质卫生资源可及性较差，已经成为健康中国建设中最突出的“短板”，严重影响贫困地区的健康扶贫质量。甘肃、陕西两省卫生人员数量持续上升，但是随着卫生人员数量的逐年增加，乡村医生和卫生员人数却没有相应增加，保持在一个较为稳定的数量上，并且最近几年还有下降趋势。基层条件艰苦，尤其是乡、村两级全科医生严重短缺，人才外流、人才难留问题非常突出。随着健康扶贫政策的下发到落实，甘肃省、陕西省都对贫困地区医疗卫生人才不足问题做了部署，各省农村定向免费医学生招录计划向深度贫困地区倾斜，优先保证深度贫困地区招录计划，但是实施效果不是很理想。

四、基层村卫生室无人问津，异地就医人数不断增长

基层医疗卫生服务机构标准化建设，提出了实现“三个一”工作目标，即每个县至少有1所二级县级公立医院，每个乡镇建有1所标准化的乡镇卫生院，每个行政村建有1个标准化的卫生室。在课题组调研时，我们发现甘肃省部分农村没有村卫生室，或者村卫生室存在，但是没有开放。究其原因，一部分原因是缺少资金，政府扶贫专项资金分配指标体系不完善，对于农村地区卫生事业的发展产生严重制约；另一部分原因是受甘肃省的地理位置、生态环境的制约。部分地区是牧区，设置了村卫生室，由于放牧的流动性，

村卫生室没有人来看病，缺少病员，所以村卫生室建设的作用就明显降低。此外，由于甘肃省地形狭长，大部分地区离省会城市兰州较远，农民在患较大重病时会选择相对较近的邻近省会城市医院就医，而异地就医的医疗报销制度此时就显得格外重要。两省实施的医联体制度还不成熟，分级诊疗效果不佳，患者转到上级医院后，即使治愈也不愿转向基层医院，分级诊疗的双向转诊时常变成“只上不下”，从而造成资源利用效率偏低。

五、事后补偿为主，过分依赖财政资金支持

以最低生活保障制度为主体的中国社会救助，关注的是为救助对象提供基本生活安全网，承担的是兜底性保障功能，实质上秉持的是事后补偿的价值理念，是在贫困问题出现后的有限的事后补救。在这种理念的指导下，贫困救助取得了一定效果，在防止贫困者生活恶化方面发挥了重大作用（袁君刚，2017）。但这种政策理念带有一定的消极性，属于“下游干预”的被动性救助，缺乏发展内涵，并没有增强贫困家庭抵抗风险的能力，也限制了反贫困政策其他功能的拓展。反贫困的最终目标是实现从救济向开发、发展的转变。因此，提升贫困群体的个人能力、协助其建立社会关系及恢复社会功能，关注贫困群体的未来发展，才是积极救助贫困人口的应有之义。健康扶贫中，大病救助、慢病送药、免费缴纳基本医疗保险和商业保险、先诊疗后付费等高度依赖政府公共资金的政策，在提高贫困人口的医疗费用实际报销比例的同时，极大增加了地方政府财政负担，并且出现贫困患者住院“赖床不走”“小病大治”等怪相。

六、政策客体可行能力低下，群众获得感偏低

所谓可行能力，是一种预存能力，即能够自由从事创造性活动的能力。人们一旦拥有了这种能力，就能够从根本上消除贫困和落后的根源，实现社会公平和可持续发展。从一定意义上讲，贫困说到底是可行能力的贫困，提升可行能力就是消除落后和贫困。“与基于效用或资源的思考不同，可行能力

方法通过对一个人做他有理由珍视的事情的可行能力来评价其优势”（虞崇胜、余扬，2016）。一方面，贫困人群健康卫生意识较差，治病防病意识差、观念落后。越是贫困的地区，传染病、地方病就越严重。另一方面，贫困人群出于教育程度、信息接受能力有限等原因，尽管对诸多事务、项目有意见，但因为没有树立正确的法制观念和维权意识，安于享受资源上的帮扶而缺少参与的主动性。加之由于各项政策的宣传普及严重不到位，群众不能很好理解，从而降低获得感。

七、大数据运用不成熟，信息共享程度偏低

2015 年国务院颁发的《促进大数据发展行动纲要》中指出，政府治理需建立“用数据说话、用数据决策、用数据管理、用数据创新”的管理机制，实现基于数据的科学决策。大数据已成为提升国家治理能力的重要战略资源，为贫困治理提供了有力的政策支持（莫光辉、张玉雪，2017）。在健康扶贫工程中，建档立卡贫困户的识别及动态管理、扶贫信息、社会保险信息、医疗救助信息等系统之间存在着紧密的联系，但在扶贫过程中，信息化系统标准不统一，造成不能互联互通、共享难。异构系统和异源数据大量存在，加上没有建设统一的数据共享平台，造成绝大部分自上而下的垂直业务系统和自成一体的院级信息系统相互完全割裂，数据无法共享交流。

第四节　健康扶贫体系构建

通过政府的政策制定，加强医疗卫生体制改革，着重提高扶贫客体的主观能动性，是我国健康扶贫的重要方式。为此，需要构建完善精准的健康扶贫体系，以有效协调开展扶贫工作。

一、规范健康扶贫管理制度，构建精准整体性帮扶体系

本着“降低工作协调成本，提高工作效能”的原则，参与健康扶贫的多

部门需要在政府的协调下建立联动机制，明确各自的责任及角色定位，统筹做好资金安排、项目落地、人力调配、推进实施等工作，确保健康扶贫治理体系的良好运作。

二、探索健康扶贫"云中心"服务模式，构建"互联网+健康扶贫"体系

在大数据时代，建立现代化健康扶贫模式的制度建设是健康扶贫制度供给与时俱进的体现。健康扶贫"云中心"的构建，可以实现大数据在贫困患者的精准识别、智能匹配、帮扶救助、医疗服务和管理控制全过程中的贯通，实现各系统的互联互通、共享协同。推进"互联网+"、大数据、云计算等新技术应用，加强远程医疗、医联体、双向诊治等技术，完善卫生信息化架构体系，帮助贫困地区健康教育与健康促进工作的实现，并整合社会保障、劳动就业、职业培训等多种资源和力量，打造精准全面的现代化扶贫制度。

三、加强多元主体构建，社会政策多方参与健康扶贫

社会精准治理极力主张的福利多元主义是精准扶贫顺利推进的主体保障。西方国家以私有制改革为主旨的新公共管理运动使人们认识到，公共组织、经济组织、社会组织共同满足人们需求，导致三者间形成各式"伙伴关系"，共同致力社会成员福利之供给。正如吉尔伯特所言，"能促型政府"已取代全能型政府，政府不再是服务供给的直接主体（袁君刚，2017）。社会精准治理视域下的精准扶贫，政府的责任主体角色并未弱化，只是实现了筹资渠道多样化。社会参与的精准性主要体现在社会力量对帮扶对象及参与途径的精准性（于华伟，2014）。政府可采取措施帮助社会力量精准确定帮扶对象，组织社会力量参与监督考核、医疗卫生保健、医学院校建设等，积极探索社会组织参与健康扶贫的具体途径，拓展健康扶贫方式。鼓励各类社会组织进行医疗捐赠，完善多种医疗捐赠平台，鼓励更多社会资本投向贫困地区进行健康扶贫，建立企业、社会组织、公民个人参与健康扶贫的优惠及奖励政策措施（虞慧怡、许志华，等，2016）。同时，要积极发挥社会力量在健康扶贫中的

作用，弥补政府保障和扶贫资源的有限性，还可借助媒体的力量倡导人道主义精神，营造全社会参与健康扶贫的良好氛围。

四、精准识别个人、群体的需求与利益，建立可持续发展模式

在发展中国家，医疗卫生总开支的70% ~80%用于医疗服务，仅剩下很少的资金投资于预防性服务（张奎力，2010）。健康扶贫应该由重视外生力量的注入转变为注重贫困人口自身的内生增长，从政府主导的单一化治理转移到协调社会力量共同参与，创建自助式扶贫理念。需要注重健康扶贫对象的主体地位，使扶贫客体拥有对自身进行改造的权利（许汉泽、李小云，2017），大力开展“健康细胞”工程建设活动，从健康明白人、健康家庭、健康村、健康乡镇到健康学校、健康企业等，加强贫困患者与政府之间的沟通，帮助其学习相关的医疗卫生知识，并切实赋予其参与决策和监督的权利，激发其自我健康管理的责任感，从而发挥贫困人口的主观能动性，使其积极参与到健康体检、慢性病防治、爱国卫生运动等医疗卫生活动中去，改善自我健康生活方式和就医行为，真正成为自身健康的主导者，不能光靠“输血”，要重在形成和提升农村贫困人口自身“造血”功能。

第十一章　地方座谈经验总结

第一节　健康扶贫：甘肃省实践与改革方向

一、健康扶贫的甘肃经验

近年来，甘肃省健康扶贫医疗保障体系日渐完善，建档立卡贫困人口动态管理机制更加健全，基本医疗保险覆盖全民，贫困人口大病托底机制更加健全，对贫困人员降低起付线、提高报销比例和封顶线等倾斜政策更加全面，这些都有效减轻了贫困人口就医的经济负担。

（一）建档立卡贫困人口实现动态管理

甘肃省于2013年6月开展建档立卡贫困人口精准识别工作（“两不愁、三保障”），2016年10月，严格按照“十不算、十不脱”标准对2014—2016年以来的所有脱贫人口开展了全省范围内的核查工作，将不符合标准的脱贫户作为返贫人口进行动态调整。2017年从动态管理数据中可知，贫困人口中因病致贫共计7.49万户、29.11万人。其中，2017年度动态调整工作中因病返贫0.04万户、0.11万人，历年贫困户中因病致贫7.45万户、29万人。

（二）“四重保障”线兜底贫困人口

形成包括新农合、新农合大病保险、重特大疾病医疗救助和大病补充医疗保险在内的贫困人口多层次健康风险分担机制。建档立卡贫困人口个人自付合规医疗费用年累计控制在3 000元以内，有效减轻贫困人口个人医疗费用负担。2017年全省城乡居民基本医疗保险年人均筹资标准均达到600元以上，对建档立卡贫困人口住院费报销比例在原基本医疗的基础上提高5个百分点，大病保险起付线从5 000元降为3 000元，报销比例达到88%。对于脱贫人口继续落实扶贫政策给予，直至稳定脱贫，做到脱贫不脱政策，即“棘轮效应”。

（三）增强医疗保险经办能力

科学整合现有公共资源和社会保险经办管理资源，简化优化流程，将社会保险信息系统横向上与扶贫信息系统和医疗救助信息系统联通。2015年9月，全省各地全面建立医疗救助“一站式”即时结算机制，2017年6月19日，全省16个统筹地区全部接入国家异地就医结算平台，接入比例达到100%，提前实现与国家异地就医系统联网对接，在全国首批实现地市全覆盖，保障了大病患者异地就医直接结算。

（四）推进家庭医生签约服务

2017年6月19日，甘肃省家庭医生签约服务现场推进会暨培训班在张掖市甘州区召开。组建好签约医生团队，充分体现“1+1+1+1”功能，乡村医疗机构以全科医生、公卫医师和护士组成团队，主要做好基本公卫、基本医疗和健康管理工作；县级医疗机构组建多个学科的专业团队；省市级医疗机构侧重以临床专科专家为主组建专病专科专家团队，以满足各类签约居民的就诊需求。不断完善服务模式，为居民提供多种形式的签约服务。开通转诊绿色通道，预留专家号、预约挂号和床位等资源，对有需要的签约居民进行及时有效的转诊、住院。完善基层运行机制，改革基层医疗机构“收支两条线”财务管理办法。

（五）开展对口帮扶、东西部协作帮扶

甘肃省通过对口支援，提升受援医院卫生技术人员服务能力。56所省外、省内三级医院与甘肃省58个贫困县的63个县级医院建立对口支援关系。天津市帮扶甘南州，厦门市帮扶临夏州，福州市帮扶定西市，青岛市帮扶陇南市。

（六）加大对深度贫困地区政策倾斜力度

组织省、市三级医院与贫困县医院签订对口支援协议，确定“一对一”帮扶关系；全省农村订单定向免费医学生招录计划向深度贫困地区倾斜，优先保证深度贫困地区招录计划；加大对革命老区、少数民族地区和贫困地区的资金投入力度；在民族地区开展“甘肃精准扶贫光明行项目”，实施“千名少数民族贫困家庭先心病儿童救助行动”等项目；发展药菜两用、养生旅游、药膳等产业助推健康扶贫。

二、健康扶贫工作中存在的主要问题

甘肃省高度重视健康扶贫工作，从加大资金投入、加强基础设施建设等方面，深入精准落实健康扶贫战略任务，推动健康扶贫工作各项任务的顺利实施。但同时也要看到，出于健康医疗保障兜底水平偏低、基层医疗卫生人才匮乏、医疗基础设施条件较差等原因，健康扶贫工作对各类健康服务资源优化配置和利用引导的规范不够，对健康扶贫各项任务的纵深引领作用有待进一步发挥。

（一）财政部门刚性支出大，专门针对健康扶贫的资金不足

甘肃省有 58 个贫困县和 17 个插花型贫困县，占全省行政区划的绝大多数。此外，甘肃省属于欠发达省份，各级财政困难，对卫生设施投入有限，但随着救助对象范围的不断扩大、救助标准的不断提高、救助需求的不断增大，医疗救助资金需求也在不断增大。2017 年，中央和省级共筹集医疗救助补助资金 8.06 亿元，而全省共实施医疗救助 565 万人次、支出资金 9.1 亿元，存在着“寅吃卯粮”的情况。

（二）农村贫困人口健康保障水平偏低，尚不能做到完全兜底

甘肃省贫困人口患者多，贫困程度深，健康扶贫任务重。2017 年全省 568 万贫困人口中，患病人数为 59.94 万人，涉及家庭 46.9 万户、家庭人口 201 万人，因病致贫、因病返贫比例为 35.38%。然而，受地方财力局限，目

前大病保障水平总体有限，政策落实不到位。

（三）基层医疗卫生人才匮乏

受自然条件和地方财政困难影响，基层条件艰苦，考出去的学生不愿意回到本地区工作，特别是乡、村两级全科医生严重短缺，人才外流、人才难留问题非常突出，这是目前甘肃省健康扶贫工作的难题，也是健康扶贫工作的短板和软肋。

（四）医疗基础设施条件较差

到2020年，甘肃省尚有57个县级医院、38个妇幼保健机构、25个疾控中心需要建设。由于2017年起中央预算内投资不再支持乡镇卫生院和村卫生室项目建设，这部分地区贫困人口的医疗卫生服务就得不到保障。贫困县基层医疗卫生基础条件差，设施设备落后老化，乡镇卫生院业务用房短缺，无职工周转宿舍，非贫困村卫生室标准化建设滞后。

（五）卫生信息化系统标准不一，信息共享程度偏低

一是标准不统一，市场管理乱。标准不统一是造成不能互联互通、共享难的重要原因。全省虽然专门制定了一些管理标准，但是并不完整，造成“系统越多，标准越多，数据越乱，共享越难”的恶性循环。加上各医疗机构和应用系统开发商主观上形成的信息壁垒和数据封锁，对健康信息化建设造成十分不利的影响。二是共享程度偏低，“烟囱林立，孤岛遍地”。异构系统和异源数据大量存在，加上全省没有建设统一的数据共享平台，造成绝大部分自上而下的垂直业务系统（烟囱）和自成一体的院级信息系统（孤岛）相互完全割裂，数据无法共享交流。全省只有局部的、小范围的数据实现了共享，如新农合系统、血液管理系统、计生证件办理系统、药采系统和应急指挥管理系统等。即使协调多家开发商共享数据，共享成本也过高。这些健康信息在不同医疗机构不能进行共享，阻碍了医联体、远程会诊等健康扶贫措施的有效实施。

（六）过分依赖政府财政资金支持，社会力量参与度不高，存在未来反弹风险

在实际工作中，社会力量参与度与外省相比偏低，健康扶贫资金来源相对单一。以兰州市为例，健康扶贫资金来源结构为“新农合、大病保险资金来源于新农合基金，医疗救助、政府保障资金来源于城乡医疗救助资金、扶贫专项补助资金或区县财政扶持”。甘肃省健康扶贫实行“县域内农村贫困人口先诊疗后付费的结算机制”，这种高度依赖政府公共资金的健康扶贫运行机制，在追求“数字脱贫”的短期考核压力下，不可避免会给地方政府增加巨大财政负担，挤占其他公共支出。长此以往，可能会影响健康扶贫的可持续性，存在未来反弹风险。

三、健康扶贫工作建议

（一）整合健康扶贫资源，加速健康扶贫多样化发展

甘肃省对《健康扶贫群众看病“七个知晓”》和《甘肃省健康扶贫工作指导手册》中有关“一保四有”的基本医保政策进行创新，不断提高建档立卡户的医疗保障水平。不断加强人才建设，加强以全科医生为重点的基层医疗卫生人才培养，提高基层医疗卫生机构服务能力。持续推进农村卫生事业健康有序发展，乡（镇）卫生院通过院建、院管等方式对村卫生室实行“两制、五有、五统一、两独立”为基本内容的一体化管理工作。同时，建设健康扶贫动态管理系统，不断加强基层人员的技能培训，强化健康扶贫攻坚责任制，强化监测督导作用，加强医疗资源纵向无障碍流动，逐步实现“输血式”帮扶到“造血式”帮扶的发展模式。

（二）重视预防为主，减病减贫

要加强贫困地区健康教育和健康干预，“预防为主”才是从根本上解决因病致贫、因病返贫的最有效措施。结合美丽乡村建设，大力整治农村公共卫生环境，统筹推进健康饮水、垃圾处理、厕所改造等人居环境改善工程，开

展免费体检和疾病筛查，制定营养膳食和行为干预计划；普及正确的卫生和防病常识，纠正不良嗜好，戒烟、不酗酒、不滥用药物，养成科学健康的生活习惯，有效降低发病率，降低医疗费用，从根本上解决因病返贫和因病致贫。

（三）统一标准化管理体系，探索健康扶贫信息化建设

按照国家的基本要求和框架设计，立足甘肃省实际，以最快的速度、最小的成本、最高的效益来推进人口健康信息化规范化建设；推进互联网+、大数据、云计算等新技术应用，完善全省卫生信息化架构体系，助力精准健康扶贫。

一是建立全省统一的标准管理体系。尽快成立甘肃省卫生计生信息化标准规范建设工作小组和甘肃省人口健康信息化标准委员会，负责统筹管理标准体系的制定和修订工作。

二是加大信息系统整合力度。建设健康扶贫动态管理的数据信息举措和进入、送出机制，加强基层信息管理人员培训措施、成效、动态监测，做好“因病致贫”数据核实工作以及“一人一策”健康帮扶计划。

三是构建省级区域影像云中心，推进分级诊疗，助力精准健康扶贫。精准治疗需要大数据来支撑，可以通过影像组学的方法进行分析，获得更为精准的诊断信息。通过构建省级区域医疗医学影像信息系统解决方案，实现影像检查结果的互认，方便基层患者就近就便享受优质医疗服务，进一步推进分级诊疗的落实。借鉴安徽省的成功经验，采用“政府主导、企业和专家参与、市场化运营”的建设模式。加强影像云平台在影像信息系统和云技术的应用，搭建影联网，推动影像分级诊疗。同时，加快县域内医共体建设进程，探索医联体跨区域协作，完成远程会诊等建设目标。

第二节　陕西省健康扶贫工作的问题及对策建议①

陕西省健康扶贫工作从2016年4月起统一部署实施，为跟进健康扶贫工作开展情况，课题组查阅其他省份经验资料，与省卫计委、省扶贫办、省民政厅、省人社厅等部门相关人员座谈，并先后到榆林市的绥德县、铜川市的王益区、咸阳市的长武县、安康市的旬阳县、商洛市的商南县等市县，了解健康扶贫一线基本情况。

一、陕西健康扶贫工作的现状和进展

（一）攻坚克难，精心部署，稳步推进健康扶贫工作

陕西省政府高度重视，将健康扶贫列为脱贫攻坚“八个一批”行动的重要内容和攻克难点。在陕西省委、省政府统一安排下，2016年4月20日，陕西省卫生计生委、省扶贫开发办公室印发《陕西省健康扶贫实施方案》（陕卫规划发〔2016〕48号），从提高贫困地区医疗保障水平、实施贫困人口大病分类救治、开展签约服务、加强疾病防治和提高医疗卫生服务能力等十个方面，部署健康脱贫重点任务。按照陕西省委 省政府“打赢脱贫攻坚战”的总体部署，全省卫计系统担负健康扶贫牵头责任，专门成立健康扶贫领导小组，抽调6名干部组建了卫生健康扶贫办公室，由一名厅级干部兼任办公室主任。各级扶贫、民政、财政、人社等部门合力推进健康扶贫工作。针对健康扶贫工作中突出问题，提出了“四个100%”的工作目标，即建档立卡农村贫困人口参加新农合100%、大病保险保障100%、健康扶贫政策知晓率100%、县域内“一站式”结算覆盖100%。

① 本节内容节选自“关于我省健康扶贫工作的几个问题及对策建议”，陕咨字〔2017〕26号，陕西省决策咨询委员会课题研究报告，2017年9月。

（二）精准识别、数据比对，夯实健康精准扶贫基础

2017 年 2 月，按照国家卫计委关于对农村贫困人口健康扶贫数据库更新的要求，结合全省脱贫攻坚数据大清洗，陕西省卫计委组织基层卫计部门逐户逐人摸清底数，横向与同级扶贫部门数据无缝衔接，纵向与各级卫计部门数据保持一致，全面更新了陕西省健康扶贫数据库。

截至 2016 年底，陕西省建档立卡农村贫困户 78. 3 万户，共 228. 7 万人，其中因病致贫户为 20. 2 万户，共 67. 6 万人，分别占全省贫困户和贫困人口总数的 25. 78% 和 29. 53%，患大病人数 7. 4 万人，患病率为 3. 24%；患慢性病人数 35. 1 万人，患病率为 15. 35%。在致贫的十大原因（因病致贫、因残致贫、因学致贫、因灾致贫、缺土地、缺水、缺技术、缺劳动力、缺资金、其他）中，因病致贫排在第一位，因残致贫排在第二位，共 13. 7 万户，占贫困户总数的 17. 48%。

（三）强化宣传、多措并举，提高健康扶贫政策认知

一是传统宣传入户。陕西省卫计委印制 110 万份农村贫困人口医疗报销救助明白卡，发放到贫困户、村委会、市县各级医疗机构。动员各级干部、乡村医生进村入户面对面地交流解答。二是利用媒体深化宣传。实施贫困地区 1 市 15 县健康传播卫星网项目，精心办好《百姓健康》系列栏目。编辑出版《陕西大卫生》健康扶贫专刊，在陕西卫生计生委网站开设健康扶贫专栏，在《三秦人口》电视、广播节目中增加健康扶贫相关内容。三是利用新媒体高效宣传。建立全省健康扶贫 QQ 群和微信群，充分利用新媒体方便快捷的优势，加强指导交流。

（四）三个一批、分类救治，扎实推进健康扶贫工作

一是大病集中救治一批。以县为单位，对农村贫困人口和特困、低保人员中，患 11 种大病（国家救助范围 9 种，陕西省增加了 2 种）的，建立台账，实行销号管理，集中进行大病专项救治，控制大病救治医疗费用总额，降低贫困患者自付费用。二是慢病签约服务管理一批。由基层医师团队与贫困人口家庭签约，制定有针对性的健康管理方案，定期随访和健康指导，陕

西省贫困人口慢病签约率达到 81.83%。三是重病兜底保障一批。对重特大疾病贫困户和因病丧失劳动能力等特困人群加大救助力度，通过医保政策倾斜、民政医疗救助、补充医疗保险，建立县级医疗救助基金，实行兜底保障。

（五）对口支援、助力基层，提升基层服务能力

一是深化对口支援。截至 2020 年 7 月，86 家省内三级医院对口帮扶 112 家贫困县医院，共派出了 750 名中高级医护专业和管理人员，诊疗患者 270 367 人次；培训县医院医务人员 38 720 人次；新建临床专科 58 个。结合医改，推行分级诊疗，促进优质医疗资源下沉，组建医联体 55 个，涵盖二级、三级医院 600 余家、基层医疗机构 1 000 余家，贫困人口县域内就诊率由 68.37% 提高到 80%。二是加快人才培养。2013—2016 年，为县及县以下医疗卫生机构定向招聘医学类本科生 7 000 多名，农村基层人才振兴计划招录大中专毕业生 3 500 人。加强继续医学教育，培训县级医院技术骨干 482 人，全科医生转岗培训 402 人。三是加强基础设施建设。争取中央投资 10.14 亿元，新建或改扩建县级医院、妇保院、疾控中心和乡镇卫生院，补助建设 20 个贫困县危重孕产妇救治中心。2017 年度中央预算内投资卫生计生项目共涉及 39 个项目，总投资 10.2 亿元，其中县级项目均投到有扶贫开发的 34 个县。

（六）专病专防、精准防控，提高贫困人口健康水平

一是对重点传染病实行“专病专防”策略，加强地方病综合防治。“专病专策”精准防控是陕西省开展传染病防控的一大创新。陕西省将艾滋病、结核病、犬伤等重大疾病的诊疗全部移交至定点医疗机构。全省 62 个大骨节病区县和 29 个克山病区县保持在国家控制区水平。开展营养监测以及慢性病危险因素监测、死因监测、肿瘤登记、伤害监测。二是加强妇幼保健工作，实施孕前优生健康检查、母亲健康工程和免费技术服务全覆盖。宫颈癌、乳腺癌“两癌”检查 36 万人，贫困地区儿童营养改善项目 9.75 万人受益。三是做好健康促进，加强贫困地区预防保健工作。举办大型义诊、健康知识讲座等，扎实推进农村环境卫生整洁行动，新建卫生厕所 3 万个，切实改善贫困地区人居环境和卫生状况。

二、陕西省健康扶贫工作中存在的主要问题

当前，陕西省推进健康扶贫工作实践中还不同程度地存在一些突出问题，可以概括为三个“偏低”、两个“过分”。

（一）多头管理，运行机制不畅，工作效能偏低

《陕西省健康扶贫实施方案》对陕西省健康扶贫组织领导规定为“各级卫生计生部门要成立一把手为组长的健康扶贫领导小组，切实发挥协调牵总作用，在扶贫部门的统筹指导下，民政、人社、教育等部门密切配合……”卫计委对于健康扶贫的推动实际依托于新农合制度。但出于历史原因，延安、韩城两市的新农合归口人社局管理，而全省其他市县新农合都统一由卫计部门管理，这样就形成了陕西独特的健康扶贫卫计、人社“两条线”管理体制。

分属人社厅、卫计委的城乡医保尚未整合，使得陕西省“两保合一”步伐缓慢，相对滞后。由于卫计委原来管理的新农合制度结构在运行中愈益“碎片化”，统筹层次普遍集中于县市级，目录确定复杂，信息化建设未能跟上，由卫计委整合两项基本医疗制度面临更多实际操作障碍。因此，各地市在改革中重新把人社局作为“两保合一”改革负责单位。这种多头管理体制，加大了全省健康扶贫工作实践的部门协调成本，进而降低了工作效能。

（二）卫生信息化系统标准不一，难以支持精准医疗，信息共享程度偏低

陕西省于2013年9月制定出台了《陕西省卫生计生信息化建设规划（2012—2015）暨区域卫生计生信息平台顶层设计》，推进省、市、县三级平台建设，建立居民电子健康档案、电子病历、全员人口三大基础数据库，基本建成省、市、县、镇、村五级网络，目前正在逐步完善中。由于缺乏统筹规划和顶层设计，虽耗资巨大，但成效不显著，共享程度低，在健康扶贫的大背景下，难以有力支持精准医疗、健康精准扶贫的要求。

一是标准不统一，市场管理乱。标准不统一是不能互联互通、共享难的重要原因。全省虽然专门制定了一些管理标准，但是并不完整，造成“系统

越多、标准越多、数据越乱、共享越难”的恶性循环。加上各医疗机构和应用系统开发商主观上形成的信息壁垒和数据封锁，对健康信息化建设造成十分不利的影响。全省二级、三级医院和县级医院都不同程度地建立了 HIS（医院信息系统）、LIS（实验室信息系统）和 PACS（影像归档和通信系统），在这些系统中，采用国标、省标或市标，且这些标准的各种系统涉及不同的开发公司。随着健康扶贫工作对信息化建设市场需求越来越大，如果继续缺乏统一标准和统一管理，可能会进一步加剧这一领域乱象丛生的态势。

二是共享程度低，“烟囱林立，孤岛遍地”。异构系统和异源数据大量存在，加上全省没有建设统一的数据共享平台，造成绝大部分自上而下的垂直业务系统（烟囱）和自成一体的院级信息系统（孤岛）相互完全割裂，数据无法共享交流。全省只有局部的、小范围的数据实现了共享，如新农合系统、血液管理系统、计生证件办理系统、药采系统和应急指挥管理系统等。即使协调多家开发商共享数据，共享成本也过高。这些健康信息在不同医疗机构不能进行共享，阻碍了医联体、远程会诊等健康扶贫有力措施的有效实施。

（三）临床路径、医联体推行困难，分级诊疗“只上不下”，健康扶贫医疗资源利用效率偏低

贫困地区群众最普遍的问题是“看病难”“看病贵”和“看病远”叠加。针对此现象，省各级出台了一系列政策，如临床路径管理推行分级诊疗以及推广医联体模式等引导群众分级诊疗。但由于基层医疗技术和管理水平不足，分级诊疗中“只上不下”的现象时常发生，健康扶贫领域过度医疗倾向也有存在。

一是临床路径管理在大医院和基层乡镇医院两级“遇冷”。临床路径管理是分级诊疗最具参考价值和使用价值的医疗操作方式。2017 年 5 月 31 日，国家卫生计生委办公厅印发《关于实施有关病种临床路径的通知》（国卫办医函〔2017〕537 号），中华医学会根据该通知要求发布了 1 010 个临床路径，增发了 23 个专业、202 个临床路径。一方面，很多大医院对于临床路径态度冷淡，他们认为自身的软硬综合专业水平比较高，不需要机械地照搬临床路径；另一方面，基层的乡镇卫生所优质医疗资源过于短缺、专业骨干少，导致误诊、

漏诊率高，临床路径的正确实施难以保证。

二是医联体运行实际效果不显著。目前，陕西省松散型医联体占多数。虽然已组建了“三级医院＋县级医院＋镇卫生院”的各类医联体55个，覆盖了90%的县级医院和50%的镇卫生院，但主要还是依靠医院的自觉性和内部的一些约束来管理运行，医联体系统内部缺乏刚性的要求和约束。实际的分级诊疗效果不佳，患者转到上级医院后，即使治愈也不愿转向基层医院，分级诊疗的双向转诊时常变成“只上不下”。

（四）过分关注提高财政兜底水平，缺乏差异化施策

在健康扶贫帮扶措施方面还不够精准。在对因病致贫、返贫户的帮扶方面，多数都是采用各级干部“一对一”或“多对一”的形式进行帮扶，帮扶措施并不是以贫困户的健康脱贫为目标进行细化的医疗队伍帮扶，而主要是分片包干驻村形式。这种粗放式帮扶缺乏对贫困户不同实际困难的了解，难以起到持续减贫的作用。

对不同疾病的扶助差异化不明晰，因病致贫主要是重大疾病和慢性疾病，目前扶助政策还是以完成国家层面的规定动作为主（“三个一批”），对不同病种状态、不同类型患者的施策不够精准；只是关注建档立卡贫困户的看病问题，只有“头痛医头，脚痛医脚”，缺乏动态管理视角；扶贫措施创新乏力，主要还是一味地强调提高报销比例、财政兜底（“四重保障”），甚至形成数字攀比。这种一味地输血式扶助，可持续效果差，不能为贫困户因病“滞”贫、因病“拖”贫带来实质性的可持续的扶助。

陕西省出台了《陕西省贫困退出实施意见》（陕办字〔2016〕72号），就全省贫困户、贫困村、贫困县（区）脱贫退出条件、退出程序、激励措施等方面提出指导性实施意见。但在实际执行中，出于贫困识别指标体系尚不明确、多部门间数据信息协调不畅、第三方评估机制缺位等原因以及农村特殊的乡土文化与处世规则，健康扶贫脱贫后的有序退出机制依然乏力。同时，对于虽然不是建档立卡贫困户，但是处于在贫困线附近摇摆、有可能因病致贫返贫的农户缺乏动态的监测和预警机制。

（五）过分依赖政府财政资金支持，社会力量参与度不高，存在未来反弹风险

《陕西省健康扶贫实施方案》虽已提出“广泛宣传健康扶贫的政策措施，动员各类企业、基金会、慈善机构等社会力量积极参与健康扶贫”的保障措施，但在健康扶贫的实际工作中，健康扶贫资金来源相对单一。以综合资金状况相对优良的西安市为例，据其发布的《西安市健康脱贫医疗保障制度实施方案》（市政办发〔2017〕54号），健康扶贫资金来源结构为“新农合、大病保险资金来源于新农合基金，医疗救助、政府保障资金来源于城乡医疗救助资金、扶贫专项补助资金或区县财政扶持”。陕西省健康扶贫实行的是“县域内农村贫困人口先诊疗后付费的结算机制”，这种高度依赖政府公共资金的健康扶贫运行机制，无疑会给地方政府增加巨大财政压力，在追求“数字脱贫”形式主义的短期考核压力下，难以避免挤占地方政府其他公共支出。

三、深入扎实推进陕西省健康扶贫工作的几点建议

（一）理顺管理体制，创新工作方式，提高健康扶贫工作效能

本着“降低工作协调成本，提高工作效能”的原则，参照安徽、浙江、福建、贵州等兄弟省份经验，打造健康扶贫“一盘棋”管理模型，理顺健康扶贫管理体制。陕西省扶贫办统筹全省扶贫工作，担任全省扶贫战略设计、资源共享平台等角色。陕西省卫计委统筹全省健康扶贫资源，包括城乡医保、大病保险等；同时，通过整合医疗、保险大数据，做实“医联体”，做好社会宣传，并协同医保部门、商业保险公司，规制全省医院诊治业务，严查、严格控制医保目录外药品、器械的使用。陕西省民政厅则统筹全省低保、五保等扶贫救助资源，做好贫困户的救助兜底工作。其他部门重在配合落实健康扶贫具体工作。

（二）探索健康扶贫“云中心”服务模式，统一标准，提高信息共享度

按照国家的基本要求和框架设计，立足陕西省实际，以最快的速度、最

小的成本、最高的效益来推进人口健康信息化规范化建设；推进互联网 +、大数据、云计算等新技术应用，完善全省卫生信息化架构体系，助力精准健康扶贫。

一是建立全省统一的标准管理体系。要尽快成立陕西省卫生计生信息化标准规范建设工作小组和省人口健康信息化标准委员会，负责统筹管理标准体系的制定和修订工作。

二是加大信息系统整合力度。运用省级平台整合异源数据，实现各系统的互联互通、共享协同。首先，要以统一药品编码为突破口，先行实现省级平台与新农合、药品招标采购系统的互联互通；其次，分步骤实现与其他省级业务平台以及各级医疗机构相关业务系统互联互通。

三是构建省级区域影像云中心，助力精准健康扶贫，推进分级诊疗。精准治疗需要大数据来支撑，可以通过影像组学的方法进行分析，获得更为精准的诊断信息。通过构建省级区域医疗医学影像信息系统解决方案，实现影像检查结果的互认，方便基层患者就近就便享受优质医疗服务，进一步推进分级诊疗的落实。可以借鉴安徽省的经验做法，2015 年起安徽省委托上海联影公司构建覆盖省、市、县、乡四级医院的分级诊断体系，并在此基础上搭建全国首个亦是全国最大、覆盖全省的省级影像云，将全省各级医院的海量影像数据全部汇聚于云端进行统一存储与管理，实现全省影像的互联互通。省级影像云对降低医疗成本、方便困难群众就医、医联体远程会诊、切实落实分级诊疗、助力健康扶贫起到重要的推动作用。

（三）以贫困户需求为中心，“一户一案”个性化施策，实现靶向健康扶贫

以贫困户需求为中心的个性化和差异化扶贫，助力持续脱贫。一是实施“一户一案”的个性化扶贫。针对不同的因病致贫家庭，最有效的措施就是针对每户不同的状况设计脱贫方案，配备专业的健康帮扶团队，一户一团、一户一案做到“靶向扶贫”。可以考虑借鉴“旬阳模式”，做实做细精准扶助。旬阳将全县 2 600 名医务人员按照每三人一小组与所有因病致贫群众结对帮扶，开展“一户一本台账、一户一个脱贫计划、一户一套帮扶措施”的健康

帮扶措施，为贫困群众提供健康教育、健康体检、双向转诊、政策宣讲、医疗报销等全方位服务。

二是按患病类型进行差异化扶贫。对于慢性病采取签约供给制，如推行旬阳的慢性病药品免费供给制，从2016年4月1日开始，全县贫困户成员中患有10种慢性病，每种病保障供给10种以上常用基本药物，按照“一病一方案、一人一处方”的原则（慢性病签约供给制），缓解了慢性病患者长期服药的问题。

三是针对不同病情差异化施策，保障贫困人口的生产、生活和生存。对于病情能够治愈的贫困群众，应最大限度地保证其生产能力、挖掘才智，使其劳动致富；对于病情治愈后也不能进行劳动的贫困群众，应该着力解决提高其生活之类的措施；对于无法治愈的重特大疾病，通过提高对大病和重病患者合疗的报销比例，在政策上“特惠”帮扶，提升健康托底水平，保障贫困群众的生存质量。

（四）做强基层，预防为主，提高健康扶贫的实效

在加大对贫困地区的医疗建设投入，全面实施城市高等级医院对贫困县、乡、村医疗机构的对口帮扶等一系列做强基层的基础上，应做好以下几方面工作。

一是以县级医院为主的基层医院应该是开展临床路径的主战场。相对于大医院对临床路径的冷淡和基层乡镇卫生所的心有余而力不足，县级医院是地域综合医疗实力最强的医疗机构，能基本保证临床路径的正确执行。县级医院推行临床路径有利于医改和分级诊疗的开展，能有效解决基层“看病难、看病贵”问题，对基层医疗结构完成90%就诊业务有重要作用。同时，县级医院是当地高精医疗设备的集中地，可借助政府和大医院构建区域医疗信息化平台，实现远程会诊、远程培训与远程指导。

二是近期应该以县级和市级核心紧密型医联体为主大力推行分级诊疗。目前，陕西省的医联体还是以松散型医联体为主，不能有效解决分级诊疗的问题。而紧密型医联体由于有严格的医疗管理制度和运行机制，有效地提高

了基层接诊率。旬阳县组建了以县医院为核心、镇卫生院及所属村卫生室为纽带的“紧密型医联体”工程，每月到镇上开展执业就诊，镇卫生院接诊量与2016年同期相比增长了20%。有层级地分类推进医联体的建设，能有效地将分级诊疗落到实处。

三是预防为主，基层着力做好“三个加强”。①加强基层的卫生设施建设。以加强县、乡医疗卫生机构能力建设为重点，并对陕西省贫困地区传染病、地方病重疫区的村卫生室建设给予适当支持；通过整合现有卫生资源，建立农村社区卫生服务机构，更好地承担农村疾病预防控制、基本医疗、健康教育等公共卫生工作。②加强基层人才的培训，改善基层医疗机构的生态环境。优秀医疗人才“下不去，留不住”的现象非常突出，因为基层工作累、待遇差、发展空间有限，特别在乡镇一级，有些医生甚至不是严格的专业出身，而是半路出家，“自学成才”。所以，即便加大培训，这些医生的提升空间可能也有限。要快速提升基层医生的整体素质，最治本的办法还是补充新鲜血液。要增加基层对新医生的吸引力，就只能提高待遇、改善工作环境。鉴于基层医生在“分诊制度”中的重要作用，有必要拿出一个涵盖培训、待遇提升等多层面的方案，以实现“基层医疗人才提升”的目标。③加强贫困地区健康教育和健康干预，“预防为主”才是从根本上解决因病致贫、因病返贫的最有效措施。贫困人群普遍文化程度不高，健康知识的获取途径有限，健康意识不强，生活习惯不利于健康，因此，各级医疗机构包括医院、卫生预防部门等要开展长期系统的健康教育和干预。免费体检和疾病筛查，针对他们的身体和病情，制定营养膳食和行为干预计划；普及正确的卫生和防病常识，纠正不良嗜好，戒烟、不酗酒、不滥用药物，养成科学、文明、健康的生活习惯；等等。这样才能有效预防疾病，降低发病率，降低医疗费用，从根本上解决因病返贫和因病致贫的问题。

（五）创新健康扶贫PPP模式，鼓励社会参与，构建健康扶贫长效机制

2017年3月国务院印发《关于进一步激发社会领域投资活力的意见》（国办发〔2017〕21号），要求进一步扩大投融资渠道，引导社会资本以政府和社会资本合作（PPP）模式参与医疗机构的建设运营，开展 PPP 项目示范。为此，应着力创新健康扶贫 PPP 模式，构建多渠道健康扶贫资源动员机制，为健康扶贫的可持续提供保障。

一是本着“政府领导，民政牵头，部门配合，社会参与”的原则，通过在贫困地区的医疗卫生服务领域引进 PPP 模式，鼓励和引进社会资本参与到医疗卫生等公共服务领域的技术、设备、设施、人才等的投资和建设中，签订长期合作协议，明确各方的权利和责任，确保私人收益与公共利益之间的平衡。安徽省在卫生信息化建设中与上海联影公司合作，以 PPP 模式为切入点，创新精准医疗服务与医疗设备项目；浙江省丽水市引入知名企业运盛医疗科技股份有限公司，采用 PPP 模式开展人口健康信息化建设，采取“市县乡村一体化”建设模式，统一规划建设，并采取自建“健康云”的方式，搭建丽水市人口健康信息云平台及各大业务系统。PPP 模式能够减轻政府财政预算压力，提高贫困地区公共服务供给效率，降低经营风险，实现资源优化配置。

二是加快推动“救急难”平台建设与推行。2016 年 8 月 26 日，陕西省民政厅同省慈善协会签订“救急难”工作的合作框架协议，省文明办同省慈善协会签订建立“陕西省公民道德建设基金”协议。当前，应加快推进“救急难”基金平台建设，总结经验，为衍生模式创新提供样本。同时，鼓励各级医院与商业保险公司合作，建立救急基金项目，提高医院抵御滞账、坏账风险能力。

三是拓展健康扶贫内涵，构建与生态扶贫、产业扶贫结合的长效机制，巩固健康扶贫工作的成效。健康扶贫如何提升造血功能形成长远良性循环，阻断疾病与贫困之间的恶性循环，才是破解健康扶贫困境的根本路径。不能光靠“输血”，而重在形成和提升农村贫困人口自身“造血”功能。只有将健康扶贫拓展到产业扶贫、生态扶贫（即统筹贫困地区资源保护与经济社会发展、统筹土壤质量维护与农业持续发展、统筹生态建设与生物多样性保护、统筹环境污染治理与人居环境健康保障等）才能治本。

第三节　健康扶贫：新疆维吾尔自治区的实践与改革方向

一、健康扶贫的新疆经验

根据新疆维吾尔自治区脱贫攻坚实施方案，新疆维吾尔自治区卫计委从医疗卫生机构的综合服务能力、专科服务能力、远程服务能力、基层人才队伍建设等方面来提高服务水平，通过医院对口帮扶政策、医疗惠民工程，建立济困医院医疗救助体系、计生特殊奖励政策、贫困地区儿童营养改善项目、药物零差率销售、定向培养医学人才等具体行动方案实质性推动新疆健康扶贫工作。

（一）大力提升贫困人口享受基本医疗卫生服务的保障水平

进一步扩大新型农牧区合作医疗对贫困人口的覆盖面，统筹使用城乡医疗救助基金，逐步提高新农合财政补助标准，对贫困人口参加新型农村合作医疗个人缴费部分由城乡医疗救助资助其参保。全面实施大病保险制度，探索财政支持贫困户购买重大疾病医疗保险补偿办法。逐步降低贫困人口住院起付线标准，降低贫困人口大病费用实际支出，对新型农牧区合作医疗和大病保险支付后自付费用仍有困难的，加大医疗救助、临时救助、慈善救助等帮扶力度，将贫困人口全部纳入重特大疾病救助范围。加大农村贫困残疾人康复服务和医疗救助力度，扩大纳入基本医疗保险范围的残疾人员医疗康复项目。建立贫困人口健康卡。建立新农合 + 大病保险费结算 + 医疗救助资金“一站式”服务机制。重大疾病贫困患者住院费用实行即时结报，由各定点医院全额垫付新农合和民政救助予以补助的费用。

（二）对患大病和慢性病的农牧区贫困人口进行分类救治

优先为每人建立一份动态管理的电子健康档案，建立贫困人口健康卡，推动基层医疗卫生机构为农牧区贫困人口家庭提供基本医疗、公共卫生和健康管理等签约服务。以县为单位，依靠基层卫生计生服务网络，进一步核准农牧区贫困人口中因病致贫、因病返贫家庭数量及患病人员情况，对需要治疗的大病和慢性病患者进行分类救治。能一次性治愈的，组织专家集中力量实施治疗。

（三）加大对贫困乡镇卫生院和村卫生室标准化建设力度

到 2020 年，实现乡镇卫生院和村卫生室标准化全覆盖。完成贫困地区县、乡、村三级医疗卫生服务网络标准化建设，积极促进远程会诊向贫困乡镇卫生院延伸。加大贫困县乡镇卫生院卫生室人员招录工作，适时充实乡镇卫生院医务人员，为贫困县乡医疗卫生机构订单定向培养医学类本科、专科学生。强化乡村医生培训培养，鼓励在岗乡村医生接受学历教育。开设中职、中专农村医学专业，开展订单定向招生，提高贫困村乡村医生学历层次。建立二级以上医疗卫生机构与贫困乡镇卫生院稳定持续的“一对一”帮扶关系。支持和引导符合条件的贫困地区乡村医生按规定参加城镇职工基本养老保险。乡镇基层卫生院建设方面，实行“一够三化”标准。“一够”即面积够；“三化”，一指路面硬化，二指绿化面积达到 70%，三指美化，美化主要包括亮化（医院不断电）、医疗垃圾处置、污水处置等。全区医院每年开展免费体检，区别对象，分时段体检。实施“医院对口帮扶”措施，二级医院每年派出三名专业人员帮扶贫困地区定点医院。

（四）全面落实临时救助制度

逐步建立完善困难残疾人生活补贴和重度残疾人护理补贴制度，适时调整残疾人生活与护理补贴标准。在自愿前提下，对符合条件的农村特困人员实行集中供养。搭建政府部门救助资源、社会组织救助项目与贫困农户救助需求相对接的信息平台，鼓励社会组织、企事业单位和爱心人士开展慈善救助，引导有影响力的慈善组织和企业设立社会救助扶贫公益基金、组建慈善救助机构。健全农村孤儿、事实无人抚养儿童、单亲贫困妇女的福利保障体系，大力推进农村“三留守”人员关爱行动。加强贫困地区传染病、地方病、慢性病防治工作。全面实施贫困地区儿童营养改善，新生儿疾病免费筛查、妇女“两癌”免费筛查，孕前优生健康免费检查等重大公共卫生项目。加强贫困地区计划生育服务管理工作。

二、健康扶贫工作中存在的主要问题

目前，在脱贫攻坚工作中存在的突出问题有：疾病监控与防控能力普遍不足，妇幼健康服务体系不健全，基层公共卫生人员数量不足、整体素质不高、人才流失现象严重、基层能力薄弱，城乡计生人员分布不平衡，超生现象较为突出，等等。

（一）健康扶贫信息系统数据与扶贫办推送数据不匹配

目前贫困患者的诊疗信息由人事保障方面管理，但是健康扶贫的工作主要是卫生计划委在推动，所以提取信息存在不便，数据不能及时更新。南疆地区县级卫计委人员“下乡”，导致卫生计划委工作人员减少，工作压力加大，造成信息更新不及时。

（二）医院流动资金减少，压力加大

新疆维吾尔自治区新农合报销比例最低为70%，再加上医疗救助和兜底，贫困人口基本不需要承担费用。报销范围主要是国家规定的七类九种重大疾病。“一站式”结算服务已经基本完成，在医院可以直接报销。但是，在贫困人口“先诊疗后付费”政策实施过程中，存在道德风险，部分患者治疗后拒绝支付医疗费用，产生“跑费”现象，导致医院流动资金减少，压力加大。

（三）孕产妇死亡率、婴幼儿死亡率较高

部分孕产妇逃避产检（超生）、缺乏健康意识以及出于宗教文化等原因不愿意住院分娩，造成新疆地区孕产妇死亡率、婴幼儿死亡率较高。

三、健康扶贫工作建议

（一）建设统一的精准扶贫大数据平台

针对不同贫困区域环境、不同贫困户的具体状况，运用科学有效的大数据程序精准采集、对比和识别贫困信息，建立覆盖全区、真实有效、动态联动的“村、户、人”贫困基础信息库。将各地区数据进行对接，将数据集中存储，在不同层级、部门和岗位间共享和更新，并且通过权限进行分层次和角色管理，让数据发挥能量，提高效率，既可有效节约资金和资源，又有利于政府全面掌握全区精准扶贫现状，及时做出科学合理的决策。

（二）采取对扶贫对象的个人自付费用封顶的措施

在扶贫工作中，各地通过医保政策的衔接，提高对医疗费用的报销水平，最终达到了“零支付”。但长期来看，为了避免不必要的“道德风险”和医保基金可持续的考虑，建议采取对扶贫对象的个人自付费用封顶的措施。一般来看，应综合考虑直接医疗负担和间接疾病负担，将患者的自付水平控制在5%～10%的范围内。对于5%～10%都无法支付的赤贫对象，可以适当考虑医疗费用“零支付”。此外，对贫困地区也应优先从病种入手，优先解决扶贫对象的重大疾病问题，有条件的地区可从费用方面保障重大疾病。

（三）加大健康教育宣传

加大宣传力度，强化健康教育。通过举办培训班、宣传栏、广播电视讲座、发放宣传资料等多种形式对群众及育龄妇女进行广泛的健康教育和知识宣传。印制挂图等相关宣传资料发放到各乡镇卫生院和村卫生室，让育龄妇女了解住院分娩的好处。安排专业部门负责掌握育龄妇女领取生育指标和孕情动态等计生情况，定期派出人员到各乡镇进行监督指导和业务培训，抽查工作进展、产科规范建设和健康教育等情况。指定专人分片负责乡、村培训和监督指导，以提高住院分娩率，进而为妇女、儿童保健提供有力支持。

第十二章　结论与政策建议

第一节　结论

一、丝路沿线三省区健康水平和医疗卫生供给与经济发展水平都处于上升趋势

甘、陕、新三省区的健康状况在2005—2016年均有所改善，且陕西省人口死亡率常年保持较低水平，健康状况随时间推移幅度较小。新疆维吾尔自治区人口死亡率水平随时间的推移幅度较大，无论是在人口健康状况还是在医疗供给水平上，差异性相对陕西省与甘肃省来说都比较大。这说明新疆维吾尔自治区的人口健康水平与医疗供给发展水平并不均衡。甘、陕、新三省区的健康水平、医疗卫生供给水平与经济发展水平在2005—2016年整体都处于上升趋势，陕西省的发展略优于另外两省区。但甘、陕、新三省区的经济发展、社会发展与医疗卫生发展水平在不同的区域会有差异性，导致甘、陕、新三省区的人口健康不仅出现差异，还出现一定的空间集聚性。如新疆维吾尔自治区的西南部为高人口死亡率集聚地区，东北部地区相对西南部地区来说为低人口死亡率集聚地区；陕西省南部地区相对中部和北部来说为高人口死亡率集聚地区；甘肃省东南部地区人口死亡率水平相对高于西北部地区。

二、丝路沿线三省区贫困性质受地理位置与民族分布及气候条件等因素影响

受访行政村中有将近一半是贫困村，从甘、陕、新三省区来看，新疆维吾尔自治区与甘肃省最多的是县级贫困村，陕西省国家级、省级、县级三种贫困等级的贫困村分布较平均。新疆维吾尔自治区的受访行政村主要为少数民族地区和边疆地区，甘肃省的受访行政村主要为生态脆弱及资源保护区和自然灾害频发区，陕西省的受访行政村主要为革命老区与自然灾害频发区，这些都属于地区之间的差异。虽然新疆维吾尔自治区、甘肃省、陕西省属于西北省份，但民族分布、地理位置、气候条件、历史演变等因素，造就了甘、陕、新三省区之间明显的地域特征。甘、陕、新三省区的男女比例总体是女性比男性多，但其中新疆维吾尔自治区男性人口数大于女性人口数。是否有大姓或大家族在甘、陕、新三省区中存在显著差异。其中，陕西省和甘肃省都是超过六成的行政村有大姓或大家族，而新疆维吾尔自治区只有少部分的行政村有大姓或大家族，这与甘、陕、新三省区的村民民族特性、生活环境和习惯、繁衍生存史有极大关系。

三、丝路沿线三省区居民家庭自来水接入比例较高，但生活垃圾处理需加强

在区域环境中，总体上超过六成的居民家庭已通自来水，其中新疆维吾尔自治区居民家庭通自来水的比例超过总体均值，只有甘肃省还存在生火做饭用窖水的现象。甘、陕、新三省区中生活垃圾处理方式集中处理垃圾占七成，其中新疆维吾尔自治区、陕西省集中处理垃圾都超过总体比例，而甘肃省只有一半行政村集中处理垃圾，这预示甘肃省下一步应该重视对于垃圾的集中处理防治。对于距离村居委会办公室方圆“5 公里”范围内，是否有造纸厂等高污染企业这一问题总体上不到 1/10 的行政村有，其中新疆维吾尔自治区最多。虽然企业在一定程度上能够解决部分村居劳动人口的就业问题，但高污染企业对行政村的环境有着很大的影响，应该控制高污染企业的数量，

对污染企业的排放污染做优化处理。

四、丝路沿线三省区在因病致贫与因病返贫人数上存在明显差异

从2017年底因病致贫、因病返贫人数来看，甘、陕、新三省区存在明显差异。甘、陕、新三省区中，新疆维吾尔自治区受访行政村的建档立卡贫困户数最多，并且新疆维吾尔自治区受访行政村平均因病致贫、因病返贫人数明显高于甘、陕、新三省区平均人数，其次是甘肃省，最低的是陕西省。相反地，甘、陕、新三省区参加新农合人数比例最高的却是陕西省，其次是甘肃省，最低的是新疆维吾尔自治区。这说明新疆维吾尔自治区、甘肃省两省区对于贫困人口的医疗保险的保障措施需要大力加强。

五、丝路沿线三省区村卫生室普及状况较好，但农村改厕项目实施状况不理想

从帮扶措施来看，行政村的村卫生室的普及状况最好，饮水安全提升在50%以上，但对于是否实施农村改厕项目，总体上超过一半的行政村都没有实施。从甘、陕、新三省区来看，新疆维吾尔自治区和陕西省实施过农村改厕项目高于总体均值，甘肃省受访行政村实施过农村改厕项目远低于总体均值，这说明甘肃省应该加强对农村厕所的改善。对于“本村2017年度健康扶贫工作中最重要的目标是什么，按重要程度最多选三项”问题，总体上选择比例较高的三项为新农合全面覆盖贫困人口、村卫生所标准化建设、贫困家庭与乡村医生签约服务。从甘、陕、新三省区来看，新疆维吾尔自治区选择比例较高的三项为新农合全面覆盖贫困人口、传播健康教育知识、村卫生所标准化建设；甘肃省选择比例较高的三项为新农合全面覆盖贫困人口、村卫生所标准化建设、贫困家庭与乡村医生签约服务；陕西省选择比例较高的三项为新农合全面覆盖贫困人口、村卫生所标准化建设、贫困家庭与乡村医生签约服务。

六、丝路沿线三省区基层村卫生室人才匮乏

在村卫生室人员方面，总体上村卫生室平均有1.84个卫生人员，卫生人员中男性占比较大，学历主要是高中（含中专和中技）、大专、初中，超过一半的卫生人员拥有乡村医师执业资格证书，还是有极少一部分的卫生人员没有任何资格证。这些卫生人员平均参加工作年限为17.80年，现在都在40~50岁，缺少年轻血液的参与。从卫生人员培训次数来看，三省区有较大差异，新疆维吾尔自治区村卫生室卫生人员培训次数占比最高的为一年5次及以上，甘肃省村卫生室卫生人员培训次数占比最高的为一年1次，陕西省村卫生室卫生人员培训次数一年1次、一年2次和一年5次及以上的占比都在25%左右。标准化卫生室的建设，总体上甘、陕、新三省区村卫生室面积平均值在60平方米以上，但还是有四成的村卫生室的面积小于60平方米，其中甘肃省所占比例最高，其次是新疆维吾尔自治区。根据村卫生室覆盖范围来看，达到最高的是1~2公里，其次是4~5公里。新疆维吾尔自治区地域辽阔，因此，村卫生室所覆盖的范围最广。从医疗服务来看，甘、陕、新三省区每天诊疗人次之间没有较大差异，每天都有超过5人就诊。甘、陕、新三省区的村级卫生室平均每天都会开放12.2小时，其中，新疆维吾尔自治区明显低于均值，陕西省的村卫生室的服务时长最长。村医与村民是否有签约服务，三个省区有显著差异，新疆维吾尔自治区超过八成的村医与村民签订了服务，甘肃省只达到一半。对于村卫生室公共服务项目，总体上甘、陕、新三省区村卫生室的服务情况都较好。对是否有儿童保健与孕产妇保健，在甘、陕、新三省区中有明显差异，新疆维吾尔自治区在这两项中的服务比例都超过90%，明显高于甘肃、陕西两省，主要由于新疆维吾尔自治区少数民族人口居多，更应该关注的是儿童与妇女的健康。

七、丝路沿线三省区居民安全住房面积有较大差异

非贫困户与贫困户家庭在耕地或草地面积上没有显著差异，非贫困户家

庭住房面积显著大于贫困户家庭。从甘、陕、新三省区来看，新疆维吾尔自治区家庭的耕地或草地面积显著高于其他两省，但住房面积显著低于陕西省、甘肃省。这说明应该加强贫困户住房面积的保障以及新疆维吾尔自治区农村居民的安全住房保障。

八、丝路沿线三省区居民贫困户的生理健康状况较差，且抑郁倾向较明显

在健康状况上，贫困户家庭健康状况指数显著低于非贫困户家庭，说明贫困户家庭的健康状况较差。从甘、陕、新三省区来看，受访家庭健康状况指数的均值均在 80 左右，健康状况不存在显著差异。在受访居民的生理健康上，有将近一半的受访者认为自己的健康状况好，七成以上受访者的 BMI 指数值都在 18. 5 到 25 之间，说明其身体处于健康状态。从非贫困户与贫困户来看，贫困户的生理健康状况较差。从甘、陕、新三省区来看，新疆维吾尔自治区受访者 BMI 指数在 18. 5 至 25 之间的占一半，身体健康的比例显著低于其他两省，说明新疆维吾尔自治区居民健康状况较差。从心理健康来看，贫困户受访者的抑郁度均值较高，抑郁倾向较明显，且贫困户受访者的生活满意度显著低于非贫困户受访者，说明贫困户受访者的心理健康状况较差。从甘、陕、新三省区来看，甘肃省受访者的抑郁度均值最高，生活满意度均值最低，这说明甘肃省受访者心理健康状况在甘、陕、新三省区中最差，这就要求对该省的居民加以心理辅导，调节他们的情绪。

九、丝路沿线三省区受访家庭的多维度贫困发生率较高，需要加强防治

甘、陕、新三省区受访家庭的多维度贫困发生率较高，随着贫困维度的增大，贫困的强度逐渐增大。对多维贫困指数进行分解发现，对贫困的贡献率较大的依次为健康状况、成人教育、厕所类型和做饭燃料。随着贫困维度的增大，健康状况和成人教育的贡献率逐渐增大，是多维贫困的主要影响因素。从非贫困户与贫困户来看，贫困户的贫困强度较大，健康状况对贫困户

的贫困贡献率大于非贫困户，说明健康对贫困户的影响更大。从甘、陕、新三省区的比较来看，甘肃省受访家庭的贫困发生率显著高于其他两省区，而新疆维吾尔自治区受访家庭的贫困强度是三省区中最大的，健康对新疆维吾尔自治区受访家庭的贫困状况影响最大。

十、丝路沿线三省区贫困户对健康扶贫项目知晓度和医疗服务满意度都较高

在健康扶贫项目知晓度方面，非贫困户在县域内贫困人口先诊疗后付费服务、农村贫困人口家庭医生签约服务和贫困人口大病分类救治三个部分的受访者知晓率均低于贫困户受访者知晓率，很有可能因为这三个项目主要是针对贫困户的帮扶项目，而不涉及非贫困户。在健康扶贫项目满意度方面，非贫困户受访者对其项目各部分非常满意的比例均低于贫困户。在健康扶贫项目需求度方面，非贫困户对居民建立电子健康档案、重特大疾病医疗救助、慢性病签约管理服务、县域内贫困人口先诊疗后付费服务、农村贫困人口家庭医生签约服务和贫困人口大病分类救治服务六个部分的需求比例低于贫困户。在贫困户致贫原因调查中，其中致贫原因比例最高的是缺资金，其次为因病、缺技术、缺劳动力、因学、缺土地。贫困户获得帮扶最多的是医疗救助、危房改造、最低生活保障和子女助学补贴。在贫困户帮扶效果调查中，贫困户帮扶效果最为明显的是医疗费用降低，这说明健康扶贫工作有了较为明显的成效，对贫困户应对健康风险的帮助很大。

第二节　政策建议

为了实现本书提出的关于精准健康扶贫四个方面体系的构建，现提出具体的政策建议：以深度贫困群体和特殊贫困群体为侧重点，“上游干预”与“下游干预”双管齐下，加强基层医疗机构建设、提高医疗精确保障，推进医疗卫生信息化精准建设，以此提升脱贫质量、防止因病致贫返贫，保障贫困

人口如期脱贫。

一、加大对深度贫困和特殊贫困群体政策倾斜力度

因病返贫、因病致贫现在是扶贫硬骨头的主攻方向，而且是一项需要长期攻克的扶贫任务。我国全面推进和落实健康扶贫工作，保障贫困地区和贫困人口享有基本医疗卫生服务，防止因病致贫、因病返贫。然而，解决区域性整体贫困之后并不意味着贫困的消失，由于深度贫困地区人口的极大脆弱性和兜底保障的有限覆盖，2020 年后的农村贫困将会进入一个以转型性的次生贫困和相对贫困为特点的新阶段（嵇绍乾，2011）。深度贫困地区是影响和决定 2020 年脱贫目标实现、2020 年后新贫困格局形成以及健康中国建设和长效脱贫战略实施的核心关键因素。

针对深度贫困地区，中央应该加大对特困地区健康扶贫的资金投入力度，各项医保政策要进一步加大倾斜力度，尤其在起付线、报销比例和封顶线等方面给予重点倾斜。提高政策内医药费用报销比例，放宽报销标准目录；有针对性地采取疾病精准防控措施，对深度特困地区结核病、乙肝、出血热、手足口病、包虫病和狂犬病等重点传染病实施专病专防策略，控制和消除大骨节病、碘缺乏病等地方病危害；积极推进优生优育，控制遗传性疾病和先天性疾病，提高孕前优生健康免费检查、新生儿疾病免费筛查服务水平。

二、加强基层医疗机构建设并提高医疗精确保障

全面改善基层医疗机构条件，提高基层卫生人才福利待遇。基层条件艰苦，人才外流、人才难留问题已经成为健康扶贫中最突出的“短板”，严重影响贫困地区的健康扶贫质量。提高基层卫生人才的福利待遇，加强人才培训，培养基层医务工作者主动去学习新技术、接受新知识，完善基层医疗卫生服务体系建设和实施全民健康保障工程。

健康扶贫医疗保障体系，以医疗救助制度为基础，新农合为主干，大病保险、商业健康保险为两翼，社会慈善救助为补充，实现医疗救助、新农合、

大病保险、商业健康保险等制度的有机衔接、协同互补，共同预防和减少因病致贫、因病返贫现象。要推动多项医保制度的有机衔接，需要打通政府之间的壁垒，加快城乡医保制度整合的进程，实现制度、政策的融会贯通、协同互补，破除条块化治理格局。逐步完善医保覆盖范围，并灵活调整对贫困人口的医疗补偿顺序。要推广“一站式”信息交换和医保及救助费用的即时结算，从而发挥各部门和各项制度间有效的协调和联结作用，从而提高健康扶贫工作的效率。

三、推进医疗卫生信息化精准建设

按照国家的基本要求和框架设计，以最快的速度、最小的成本、最高的效益来推进人口健康信息化、规范化精准建设，而传统的层层上报机制和手工建档立卡方式不能确保贫困对象的精准识别和动态帮扶。在大数据时代，现代化健康扶贫模式的制度建设是健康扶贫制度供给与时俱进的体现。扶贫大数据云平台应用大数据技术，打破地区、部门之间的“信息孤岛”，让分散在不同地区和部门的碎片化信息“牵手”；同时，还可以利用大数据技术，实施数据对比分析与综合评估，减少人为因素的影响和失误，把真正贫困的筛选出来，把不符合条件的“剔”出去。通过大数据开展预警、决策和分析，便于扶贫工作领导层对帮扶工作进行临场调度、指挥，为扶贫工作提供决策参考等。

健康扶贫“云中心”的构建可以实现大数据在贫困患者的精准识别、智能匹配、帮扶救助、医疗服务和管理控制全过程中的贯通，实现各系统的互联互通、共享协同，并利用多种终端和手段协同来实现健康扶贫全覆盖，提高健康扶贫信息共享度，从而提高工作效率。完善卫生信息化架构体系，社会大众可以通过“云中心”了解贫困患者的现状与实际需求，有针对性地进行帮扶，并动态地了解帮扶效果。同时，云平台还能提供贫困患者所需的健康管理知识、医疗法律援助等信息资源，帮助贫困地区健康教育与健康促进工作的实现，并整合社会保障、劳动就业、职业培训等多种资源和力量，打造精准全面的现代化扶贫制度。因此，健康扶贫试点地区应该加快开发大数据应用创新基地，强化大数据信息基础设施和专业人才队伍的建设，以期利用现代化技术实现健康扶贫工作的高效性与科学性。

大力推进“分级诊疗”制度，以常见病、多发病、慢性病分级诊疗为突破口，形成科学合理就医秩序。坚持“群众自愿、政策引导”，鼓励并逐步规范常见病、多发病患者首先到基层医疗卫生机构就诊，对于超出基层医疗卫生机构功能定位和服务能力的疾病，由基层医疗卫生机构为患者提供转诊服务。科学就医、方便群众、提高效率，完善双向转诊程序，建立健全转诊指导目录，重点畅通慢性期、恢复期患者向下转诊渠道，逐步实现不同级别、不同类别医疗机构之间的有序转诊。明确和落实各级各类医疗机构急慢病诊疗服务功能，完善“治疗—康复—长期护理”服务链，为患者提供科学、适宜、连续性的诊疗服务。急危重症患者可以直接到二级以上医院就诊。引导不同级别、不同类别医疗机构建立目标明确、权责清晰的分工协作机制，以促进优质医疗资源下沉为重点，推动医疗资源合理配置和纵向流动。

四、强调“上游干预”

我国现行的反贫困政策，如社会救助，无论是最低生活保障还是专项救助，实质上都是消极性的补救措施。这种消极性救助很容易使被救助者陷入持久的贫困中，并导致政府财政支出不断增加。因此，对贫困者应坚持应急性物质救助与预防性救助相结合的救助理念，避免被救助者陷入持久贫困的恶性循环。而对于尚未陷入贫困的低收入家庭，则应在对其进行接触和了解的过程中，根据其特殊情况，协助其提高风险抵御能力，并做好风险预警工作，实现社会救助理念从“救贫”“扶贫”向“防贫”的转变。

基于社会精准治理视角的健康贫困救助工作应对贫困问题实施上游干预，以人为本，在全社会形成支持家庭、投资儿童的社会环境和制度体系。从健康明白人、健康家庭、健康村、健康乡镇到健康学校、健康企业等，大力开展“健康细胞”工程建设活动。健康问题往往会出现家庭代际传递的负面效应，例如，成长于贫困家庭的儿童，其营养状况、受教育机会、学业表现、就业能力等人力资本会受到其家庭贫困的影响，在成年后更容易面临就业困难和失业，也比成长于一般家庭的儿童更易陷入贫困。而通过制定发展型家庭政策、对儿童进行投资，则可以有效切断贫困的代际传递链，因此，国家和社会应当给予足够的重视。

参考文献

[1] BARRIENTOS A. Social assistance in developing countries [M]. Cambridge: Cambridge University Press, 2013.

[2] 房莉杰. 我国城乡贫困人口医疗保障研究 [J]. 人口学刊, 2007 (2): 48-53.

[3] 嵇绍乾. 社会政策的新范式: 从规范性社会政策到发展型政策 [J]. 社会工作 (学术版), 2011 (2): 45-50.

[4] 门婷婷. 善治视阈下的社会治理精细化 [J]. 世纪桥, 2017 (1): 80-81.

[5] 莫光辉, 张玉雪. 大数据背景下的精准扶贫模式创新路径——精准扶贫绩效提升机制系列研究之十 [J]. 理论与改革, 2017 (1): 119-124.

[6] 农业部农业经济研究中心课题组, 蒋中一. 新型农村合作医疗和特困人口医疗救助相结合的制度建设 [J]. 中国人口科学, 2007 (2): 43-51+96.

[7] 南锐, 康琪. 社会治理精细化的理论逻辑与实践路径 [J]. 广东行政学院学报, 2018, 30 (1): 29-35.

[8] SEN A. Poverty: An ordinal approach to measurement [J]. Econometrica, 1976, 44 (2): 219-231.

[9] 史蒂文·瓦格. 社会变迁 [M]. 王晓黎, 译. 北京: 北京大学出版社, 2007: 28-29.

[10] 宋俐. 我国农村公共卫生服务现状 [J]. 江苏预防医学, 2008 (3): 81-83.

[11] 王震. 社会精准治理的逻辑与路径——基于宁波社会精准治理实践的思考 [J]. 中国集体经济, 2017 (16): 118-120.

[12] 王宇, 李博, 左停. 精准扶贫的理论导向与实践逻辑——基于精细社会理论的视角 [J]. 贵州社会科学, 2016 (5): 156-161.

[13] 王黔京, 沙勇, 陈芳. 民族地区农村家庭健康现状调查与健康精准扶贫策略研究——基于云南省的抽样数据 [J]. 贵州民族研究, 2017 (6): 53-58.

[14] 王培安. 全面实施健康扶贫工程 [J]. 行政管理改革, 2016 (4): 36-41.

[15] 吴新叶．社会治理精细化的框架及其实现［J］．华南农业大学学报（社会科学版），2016，15（4）：127－134.

[16] 许汉泽，李小云．精准扶贫背景下驻村机制的实践困境及其后果——以豫中J县驻村“第一书记”扶贫为例［J］．江西财经大学学报，2017（3）：82－89.

[17] 虞崇胜，余扬．提升可行能力：精准扶贫的政治哲学基础分析［J］．行政论坛，2016，23（1）：22－25.

[18] 袁君刚．社会工作参与农村精准扶贫的比较优势探索［J］．西北农林科技大学学报（社会科学版），2017，17（1）：17－22.

[19] 于华伟．城市贫困救助的社会政策创新——基于发展型社会政策视角［J］．现代商业，2014（26）：94－96.

[20] 虞慧怡，许志华，曾贤刚，等．社会资本对环境政策的影响研究进展［J］．软科学，2016，30（1）：22－25.

[21] 张奎力．发展中国家的医疗卫生服务体系［J］．中国卫生资源，2010，13（4）：197－200.

[22] 张鸿雁．“社会精准治理”模式的现代性建构［J］．探索与争鸣，2016（1）：12－17.

[23] 张倩．贫困陷阱与精英捕获：气候变化影响下内蒙古牧区的贫富分化［J］．学海，2014（5）：132－142.

[24] 朱兆芳．健康扶贫应融入整体扶贫开发战略［J］．中国卫生，2016（3）：22－24.

[25] 钟莹．潼关实施“八个一批”措施确保脱贫攻坚任务完成［EB/OL］．2016－01－18. http：//news. cnwest. com/content/2016－01/08/content_ 13507462. htm.

术语索引

附　录

调查问卷

一、2017 年丝绸之路健康扶贫家庭调查问卷

根据《统计法》第三章第十四条，本资料“属于私人、家庭的单项调查资料，非经本人同意，不得泄露”。

问卷编码：□□□□□□□□

（问卷编码位数：1 省　2～3 地区　4 县　5 乡/镇　6 村　7～8 受访者编码）

尊敬的朋友：

您好！中国（西安）丝绸之路研究院正在做一项有关健康扶贫的社会调查，特邀请您参加本次调查，谢谢您的合作！我们会问您一些个人和家庭的基本信息、您的健康状况、您家庭的生活条件及环境卫生状况、您对医疗服务的满意度以及您对扶贫项目的知晓程度等问题。本次调查收集到的信息将严格保密，谢谢您的合作！

中国（西安）丝绸之路研究院健康扶贫课题组

2017 年 12 月 20 日

被访人姓名（户主或其配偶）：　　　　　被访人联系电话：

被访人住址：省（市、自治区）　市（地区）　县（市、区）

乡（镇）村

访问时间：□□□□年□□月□□日　　　如果调查未完成，原因是：

问卷是否合格（在方格内打“√”）：合格□　　不合格□

第一部分：生活条件及环境卫生状况

101. 您家是否为建档立卡贫困户？　□

1. 不是　　2. 是，建档立卡时间 □□□□年□□月

102. 您家做饭用的最主要燃料是？　□

1. 柴草　　2. 煤炭　　3. 罐装煤气/液化气

4. 天然气/管道煤气　　5. 太阳能/沼气

6. 电　　7. 其他__________（请注明）

103. 您家平时主要用什么照明？　□

1. 电灯　　2. 煤油灯　　3. 油灯

4. 蜡烛　　5. 其他______（请注明）

104. 您家最常用的厕所是什么类型的？　□

1. 室内冲水　　2. 室内马桶（无冲水）

3. 室外冲水公厕　　4. 室外非冲水公厕

5. 开放式水泥坑　　6. 开放式土坑

7. 其他______（请注明）

105. 您家的垃圾最主要倒在哪里？　□

1. 公共垃圾桶/箱　　2. 附近的河沟

3. 住房周围　　4. 土粪坑　　5. 随处倒

6. 楼房垃圾道　　7. 由专人收集

8. 其他______（请注明）

106. 您对目前的居住环境是否满意？　□

1. 非常满意　　2. 比较满意　　3. 一般

4. 比较不满意　　5. 非常不满意

107. 过去一年里，您家庭的总收入（包括生产性收入、工资或打工等的

收入）是多少？ □□□□□□□元

108. 过去一年里，您家庭的收入主要来源于？（按重要程度最多选两项） □□

1. 种植业 2. 养殖业 3. 自主经营

4. 务工收入 5. 亲友赠与

6. 政府提供的生活保障性资金 7. 政府提供的扶贫项目资金

8. 其他__________（请注明）

109. 您家是否有存款？ □

1. 有 2. 没有

110. 过去一年里，您家是否从亲朋好友或民间机构处借过钱？□

1. 有 2. 没有

111. 与周围的人相比，您觉得您家庭现在的经济状况如何？□

1. 比较好 2. 差不多 3. 比较差

112. 过去一年里，您家庭的总支出是多少？ □□□□□□□元

1. 日常生活支出□□□□□□□元

2. 教育支出□□□□□□□元

3. 重大事件支出（购房购车、娶亲盖房等）□□□□□□□元

4. 人情往来支出（红白喜事、生子、升学等）□□□□□□□元

5. 自付医疗支出□□□□□□□元，治疗费用报销了 □□□□□□□元

113. 您家拥有耕地或草地的面积是多少？ □□亩□□分

114. 您家现住房的建筑面积是多少？ □□□平方米

115. 您家住房的基本结构是？ □

1. 钢筋水泥 2. 砖（石）瓦房 3. 砖草（土）房 4. 木房

5. 草（土）房 6. 其他__________（请注明）

116. 在过去的一年中，您家的住房是否出现漏雨、被水淹或水管破裂等现象？□

1. 是 2. 否

117. 您家人是否有宗教信仰？□

1. 无　　　　　　2. 佛教　　　　　　3. 基督教

4. 天主教　　　　5. 伊斯兰教

6. 其他______________（请注明）

118. 除了您本人，您的兄弟姐妹的数量：

兄弟的数量□　姐妹的数量□

119. 除了您配偶本人，配偶的兄弟姐妹数量：

兄弟的数量□　姐妹的数量□

120. 您目前共有□个孩子，男孩□个，女孩□个

第二部分：家庭成员信息表

201. 目前您家里几口人（包括您本人）？　□□

202. 您的性别是　□1. 男　2. 女

203. 您的出生年月是　□年□月□日（阳历）

204. 您的民族是　□1. 汉族　2. 回族　3. 维吾尔族　4. 其他（请注明）

205. 您同被访人的关系是　□

1. 本人　2. 配偶　3. 父亲/母亲　4. 儿子/女儿　5. 兄弟/姐妹

6. （外）孙子/（外）孙女/孙女婿/孙媳妇　7. 岳父母/公婆

8. 女婿/儿媳　9. 其他亲属　10. 其他非亲属__________（请注明）

206. 您的婚姻状况是□　1. 未婚　2. 初婚　3. 丧偶　4. 离婚　5. 再婚

207. 您的受教育程度是□　1. 未上过学　2. 小学　3. 初中

4. 高中/中专　5. 大专及以上

208. 您的政治面貌是□　1. 中共党员　2. 民主党派

3. 共青团员　4. 群众

209. 您目前的职业是？□

1. 务农　　2. 养殖专业户　　3. 商业服务业人员　　4. 企事业办事员

5. 生产工人、运输工人和有关人员　　6. 个体户　　7. 学生

8. 工匠　　9. 私营企业主　　10. 村干部　　11. 乡镇干部

12. 教师或医生　　13. 其他________（请注明）

210. 您有没有到户口所在县以外的地方打工？□

1. 目前正在外地打工　　2. 曾外出打工，已返回

3. 从未外出打工

211. 您是否参与了农村新型合作医疗？　□1. 是　2. 否

212. 您的健康状况如何？□

1. 健康（跳问下一人）　2. 伤残　3. 重病（跳问214题）

4. 慢性病（跳问214题）

213. 该家庭成员的伤残类型是 □

1. 视力/听力残疾　2. 言语残疾　3. 肢体残疾　4. 智力残疾

5. 精神残疾　6. 多重残疾

214. 目前，您的生活起居是否需要别人提供帮助？□

1. 是　2. 否（跳问216题）

215. 过去半年主要是谁在照料该家庭成员的生活起居？□

1. 配偶　2. 父亲　3. 母亲　4. 儿子　5. 女儿　6. 兄弟

7. 姐妹　8. （外）孙子/（外）孙女/孙女婿/孙媳妇

9. 岳父母/公婆　10. 女婿/儿媳　11. 其他亲属　12. 朋友邻里

13. 保姆、小时工　14. 志愿者或非营利机构人员

15. 社区工作人员　16. 其他__________（请注明）

216. （多选题）您是否患有以下疾病？□

1. 儿童先天性心脏病　2. 儿童白血病　3. 食管癌　4. 胃癌

5. 结肠癌　6. 直肠癌　7. 终末期肾病　8. 糖尿病　9. 高血压

10. 慢性肝炎　11. 恶性肿瘤

12. 冠心病　13. 帕金森氏病　14. 脑中风后遗症

15. 慢性支气管炎　16. 慢性肾炎　17. 类风湿性关节炎

18. 系统性红斑狼疮　19. 慢性再生障碍性贫血　20. 无

21. 其他__________（请注明）

218. 患以上大病的家庭成员进行治疗的主要地点是□

1. 本村或社区的卫生室　2. 本镇卫生院或街道办的医疗服务中心

3. 本县或本区医院　　4. 本市或市级以上医院　　5. 外省医院

6. 本省医院

219. 过去半年该成员治疗的自付费用大概是多少元？□

220. 过去半年该成员治疗花费的费用报销了多少元？□

第三部分：健康状况及社会支持

301. 您现在的身高：□□□（厘米）　　体重：□□□（千克）

302. 您认为自己的健康状况如何？□

1. 非常好　　2. 比较好　　3. 一般　　4. 比较差　　5. 很差

303. 您15岁之前（包括15岁）有没有吃不饱的经历？　　□

1. 没有　　2. 偶尔　　3. 经常

304. 过去半年，您或家人是否接受过以下卫生保健检查？

（1. 是　　2. 否）

1. 一般健康检查 □　　2. 查血 □　　3. 高血压普查 □

4. 肿瘤普查 □　　5. 视力或听觉检查 □　　6. 产前/产后检查 □

7. 妇科检查 □

8. 其他检查__________（请注明）

305. 您看病的习惯是？□

1. 出现不适就去看病　　2. 症状加重时去看病　　3. 能不看病就不看

306. 您平常如果看一次感冒大概花费多少钱？　　□□□□元

307. 过去四周内，您是否有身体不舒服？□

1. 是　　2. 否（跳问311题）

308. 您自己感觉到所患病的严重程度？□

1. 不严重　　2. 一般　　3. 严重

309. 您是否找医生看过？□　1. 是　　2. 否（跳问311题）

310. 您看病的地点是？□

1. 本村或社区的卫生室　　2. 本镇卫生院或街道办的医疗服务中心

3. 本县或本区医院　　4. 本市或市级以上医院　　5. 外省医院

6. 本省医院

311. 您现在是否吸烟？□ 1. 是 2. 否

312. 您平时闲的时候都干什么？（按重要程度最多选两项）□□

1. 看电视 2. 打牌/打麻将 3. 串门聊天 4. 琴棋书画

5. 旅游 6. 唱歌跳舞看戏 7. 参加公益活动

8. 其他________（请注明）

313. 您和家人平时是否注意吃饭上的食品合理搭配？□

1. 经常 2. 偶尔 3. 从不

314. 您知道中国居民膳食（日常吃的饭菜）宝塔/指南吗？□

1. 知道 2. 不知道

315. 下面是对您个人感知的一些描述，请按照您的真实情况回答。

1. 完全不符合 2. 较不符合 3. 不确定

4. 较符合 5. 完全符合

315.1（过去几周里）您觉得每天过得很有意义	□
315.2（过去几周里）您经常觉得高兴不起来，觉得生活没意思	□
315.3 您常因一些小事而烦恼	□
315.4 您经常觉得自己很孤独	□
315.5 您觉得生活很幸福	□

316. 下面是对您生活状况的一些描述，请按照您的真实想法回答。

1. 完全不符合 2. 较不符合 3. 不确定

4. 较符合 5. 完全符合

316.1 您的生活条件很好	□
316.2 您对您现在的生活不满意	□
316.3 到目前为止，您没有得到生活中您想要的东西	□
316.4 您现在的生活基本上和您理想的生活状态一致	□

317. 当您家需要借一大笔钱时，您通常会找的各类人的个数：

1. 家人和亲戚□□人 2. 邻居朋友 □□人

3. 政府工作人员□□人　　4. 其他__________（请注明）□□人

318. 当您家人需要寻找（非农）工作时，您通常会找的各类人的个数：

1. 家人和亲戚□□人　　2. 邻居朋友 □□人

3. 政府工作人员□□人　　4. 其他__________（请注明）□□人

319. 当您家人求医看病时，如在哪看病、花费情况、如何报销等，一般会找哪些人询问和讨论，各类人的人数：

1. 家人和亲戚□□人　　2. 邻居朋友 □□人

3. 政府工作人员□□人　　4. 其他__________（请注明）□□人

第四部分：医疗服务满意度

401. 若您家中有人生病或想看医生、护士或其他卫生工作人员，通常去哪些诊所或医院？□

1. 本村或社区的卫生室　　2. 本镇卫生院或街道办的医疗服务中心

3. 本县或本区医院　　4. 本市或市级以上医院

5. 外省医院　　6. 本省医院

402. 您家离这个常去的诊所/医院有多远？□公里

403. 通常去这个诊所/医院单程要花多长时间？□□□分钟

404. 您选择看病地点时首先考虑哪些因素？（按重要程度最多选两项）□□

1. 距离　　2. 费用　　3. 态度　　4. 技术　　5. 能否报销

6. 有熟人　　7. 其他

405. 您对常去的医疗机构的医生专业水平满意吗？□

1. 非常满意　　2. 比较满意　　3. 一般

4. 比较不满意　　5. 非常不满意

406. 您对常去的医疗机构的医疗设备满意吗？□

1. 非常满意　　2. 比较满意　　3. 一般

4. 比较不满意　　5. 非常不满意

407. 就您的了解，您认为看病报销的程序是否方便？□

1. 非常方便　　2. 比较方便　　3. 一般

4. 比较不方便　　5. 非常不方便

第五部分：扶贫项目满意度

项目	是否知晓	满意度	今后需求
	1. 是 2. 否（跳问第 3 题）	1. 满意 2. 一般 3. 不满意	1. 很需要 2. 一般 3. 不需要
501. 社区/村给居民建立电子健康档案	□	□	□
502. 重特大疾病医疗救助	□	□	□
503. 慢性病签约管理服务	□	□	□
504. 县域内贫困人口先诊疗后付费服务	□	□	□
505. 农村贫困人口家庭医生签约服务	□	□	□
506. 贫困人口大病分类救治服务	□	□	□

507. 就您所知，当前的扶贫项目有没有漏掉一些贫困家庭或者错给（不应该给但给了）非贫困家庭？□

1. 有　2. 没有（跳问 508 题）

如果有，是否因为下列原因？（1. 是　2. 否）

1. 贫困家庭不愿意参与□　　2. 贫困家庭无力参与□

3. 贫困家庭根本不知道有扶贫项目□

4. 非贫困家庭通过各种非正当关系获得□

5. 非贫困家庭都是村干部的亲戚朋友□

6. 政府硬性安排□　　7. 其他__________（请注明）

508. 就您家而言，您希望获得哪些方面的帮助？（按重要程度最多选两项）□□

1. 劳动力技能培训　　2. 医疗救助　　3. 资金支持　　4. 子女教育

5. 危房改造　　6. 不需要　　7. 其他__________（请注明）

（以下题目请建档立卡贫困户作答）

509. 您家的主要致贫原因是？□□□□□

（请结合建档立卡数据库或农户扶贫手册信息填写，可多选）

1. 因病　　2. 因残　　3. 因学　　4. 因灾　　5. 缺土地

6. 缺水　　7. 缺技术　　8. 缺劳动力　　9. 缺资金

10. 其他__________（请注明）

510. 您家是否获得了以下帮扶措施？（1. 是 2. 否）

1. 危房改造□　　2. 医疗救助□　　3. 小额信用贷款□

4. 子女助学补贴□　　5. 最低生活保障□　　6. 劳动力技能培训□

7. 易地扶贫□　　8. 参与村庄基础设施建设从而获得相关收入□

9. 发展特色产业□　　10. 其他__________（请注明）

511. 和您家结对帮扶的人的单位最高是哪个级别？□

1. 省部级及以上　　2. 地市州级　　3. 县级及以下

512. 在政府的帮助下，您认为您家近一年以来下列方面是否有改善？（1. 是 2. 否）

1. 收入增加□　　2. 住房条件改善□　　3. 医疗费用降低□

4. 子女读书条件改善□　　5. 就业人数增加□

6. 生活环境改善□　　7. 其他__________（请注明）

513. 如果您家符合贫困退出标准，您是否愿意退出贫困户？□

1. 是　　2. 否

调查员：__________　　　　调查日期：__________

二、2017 年丝绸之路健康扶贫村问卷

问卷编码：□□□□□□

（问卷编码位数：1 省　2～3 地区　4 县　5 乡/镇　6 村）

__________省__________市__________县__________乡（镇）__________村：

您好！中国（西安）丝绸之路研究院正在做一项有关健康扶贫的社会调查，需要了解您所在村的一些相关情况。您提供的信息将严格保密，您的支持和参与将为国家制定相关健康扶贫政策提供重要依据。感谢您的合作！

中国（西安）丝绸之路研究院健康扶贫课题组

2017 年 12 月 20 日

（一）个人基本信息

101. 您的出生年月是：□□□□年□□月

102. 您的性别：1. 男　2. 女□

103. 您的教育程度是：□

1. 不识字或识字很少　2. 小学　3. 初中　4. 高中（含中专、技校）

5. 大专　6. 本科及以上

104. 您在该村委会所担任的职务是：□

1. 村委会主任　2. 村支书　3. 村长　4. 会计

5. 其他——（请注明）□

105. 您在本职位上工作的年数？（不足一年以一年计算）□□年

（二）村基本信息

201. 本村是否是政府确定的贫困村？□

1. 否　2. 国家级　3. 省级　4. 县级

202. 本村属于以下哪种地区？（1. 是 2. 否）

1. 少数民族地区□　2. 革命老区□　3. 边疆地区□

4. 自然灾害频发区 □　5. 生态脆弱及资源保护区□

6. 其他__________（请注明）

203. 本村居委会哪年建立？□□□□年

204. 本村的占地面积是多少？□□□□（亩/平方公里）

205. 本村 2017 年常住人口情况：

总人口数：________人

其中，女性人口数：________人，男性人口数：________人

206. 本村是否有大姓或大家族？□　1. 有　2. 没有

207. 本村 2017 年村民人均年收入（元）：□□□□□□□元

208. 1）截至 2017 年底，您村“低保”家庭户共有多少户？□□□□户

2）全年低保户每人每月实际的保障标准是多少钱？□□□□□□□元

209. 截至 2017 年底，您村建档立卡贫困户有多少？□□□□户

210. 截至 2017 年底，您村“因病致贫，因病返贫”人数有多少？□□□□人

211. 截至 2017 年底，您村参加新型农村合作医疗的人数有多少？□□□□人

212. 2017 年，您村新农合补助标准是多少？□□□□元

213. 2017 年，您村新农合大病起付线是多少？□□□□元

214. 您村是否有村卫生室？□ 1. 是 2. 否

（三）区域环境

301. 您村家庭做饭用水的最主要水源是：□

1. 江、河、湖、溪、泉水 2. 井水 3. 自来水

4. 雨水 5. 窖水 6. 池塘水 7. 其他__________（请注明）

302. 您村家庭做饭用的最主要燃料是：□

1. 柴草 2. 煤炭 3. 太阳能 4. 煤气（液化气） 5. 天然气

6. 沼气 7. 电 8. 其他__________（请注明）

303. 近三年来，您村是否遭受过以下自然灾害？（按照严重程度最多选三项）□□□

1. 旱灾 2. 洪涝 3. 森林火灾 4. 雹灾 5. 台风、风暴潮

6. 滑坡、泥石流 7. 农林病虫害 8. 地震 9. 传染病

10. 其他__________（请注明） 11. 以上都没有

304. 您村的生活垃圾如何处理？□

1. 有组织地倒入附近河中冲走 2. 有组织地本地填埋

3. 有组织地焚烧 4. 垃圾车定期运走处理 5. 不集中处理

305. 您村是否有村办/乡镇办企业？□ 1. 有，共□家 2. 没有

306. 距离您村居委会办公室方圆“5 公里”范围内，是否有造纸厂等高污染企业？□ 1. 是，有□个 2. 否

307. 村委会所在地距镇政府有多远？□□公里

308. 本村是否实施过农村改厕项目？□ 1. 是 2. 否

309. 本村是否实施过农村饮水安全巩固提升工程？□ 1. 是 2. 否

（四）工作内容信息

401. 您对健康扶贫政策的知晓情况？□

1. 非常了解 2. 有一些了解 3. 了解得较少 4. 几乎不了解

402. 您认为贫困户看病报销的程序是否方便？□

1. 非常方便 2. 比较方便 3. 一般 4. 比较不方便

5. 非常不方便

403. 本村 2017 年度健康扶贫工作中最重要的目标是（按重要程度最多选三项）□□□

1. 新农合全面覆盖贫困人口 2. 贫困家庭与乡村医生签约服务

3. 传染病专病专防 4. 孕产妇住院分娩补助

5. 农村妇女“两癌”检查 6. 村卫生所标准化建设

7. 农村卫生厕所改造 8. 农村饮水安全巩固提升工程

9. 传播健康教育知识

404. 健康扶贫工作在本村的工作中属于？□

1. 核心工作 2. 日常工作 3. 附加工作 4. 不在工作范围内

405. 健康扶贫工作在上级对本村要求中的重要性？□

1. 很重要 2. 一般重要 3. 无所谓 4. 不重要 5. 很不重要

406. 上级是否制定了针对本村（健康扶贫）的考核指标体系？□

1. 是 2. 否（跳问 409 题）

407. 该考核指标体系（指 406 题中问及的健康扶贫相关的考核指标，下同）中，本村能完成多少指标 ？□

1. 能完成所有指标 2. 能完成大多数指标

3. 只能完成一半的指标 4. 只能完成少部分指标

408. 您觉得在农村实施该考核指标体系，对农村管理工作有什么影响？□

1. 形成考核导向，促进村务规范化管理

2. 起到激励作用，提高村干部的工作能动性

3. 加重村干部的负担　　4. 影响农村的民主自治

5. 其他__________（请注明）

409. 过去半年，您参加上级召开关于健康扶贫工作的专门会议的次数：□□次

410. 1）您村是否有以下帮扶干部队伍？（1. 有　2. 没有）

1. 村第一书记□　　2. 帮扶单位的驻村干部 □　　3. 乡镇包村干部□

4. “两委会”班子成员 □

2）您对于帮扶干部队伍是否满意？□

1. 很满意　　2. 较满意　　3. 一般　　4. 不满意　　5. 很不满意

411. 去年，您在“健康扶贫”工作中遇到过群众不理解的事情吗？□

1. 遇到很多　2. 遇到较多　3. 有时遇到　4. 很少遇到　5. 没遇到

412. 去年，群众支持您的“健康扶贫”工作吗？□

1. 很支持　　2. 较支持　　3. 一般　　4. 较少支持　　5. 很不支持

（五）实施内容

项目	是否有 1. 是 2. 否（跳问至下一选项）	服务力度 1. 力度大 2. 一般 3. 力度小	服务效果 1. 效果好 2. 一般 3. 效果不好
501. 新农合全面覆盖贫困人口	□	□	□
502. 重特大疾病医疗救助	□	□	□
503. 慢性病签约管理服务	□	□	□
504. 县域内贫困人口先诊疗后付费服务	□	□	□
505. 农村贫困人口家庭医生签约服务	□	□	□
506. 贫困人口大病分类救治服务	□	□	□
507. 村卫生所标准化建设	□	□	□
508. 传播健康教育知识	□	□	□

调查员：__________　　　　调查日期：__________

三、2017 年丝绸之路健康扶贫村级卫生室问卷

问卷编码：□□□□□□

（问卷编码位数：1 省　2～3 地区　4 县　5 乡/镇　6 村）：

__________省__________市__________县__________乡（镇）__________村

您好！中国（西安）丝绸之路研究院正在做一项有关健康扶贫的社会调查，需要了解您所在村卫生室的一些相关情况。您提供的信息将严格保密，您的支持和参与将为国家制定相关健康扶贫政策提供重要依据。感谢您的合作！

中国（西安）丝绸之路研究院健康扶贫课题组

2017 年 12 月 20 日

（一）人员构成情况

101. 目前本村卫生室共有几名村医？□

	性别	年龄（周岁）	学历	拥有资格证	参加工作年限（年数）
1 村医	□	□□	□	□	□□
2 村医	□	□□	□	□	□□
3 村医	□	□□	□	□	□□
4 村医	□	□□	□	□	□□

注：性别：1. 男　2. 女；学历：1. 不识字或识字很少　2. 小学　3. 初中　4. 高中（含中专或中技）　5. 大专　6. 本科及以上；拥有资格证：1. 执业医师助理　2. 执业医师　3. 乡村医师执业资格　4. 没有；工作年限不足一年以一年计算。

（二）村卫生室基本情况

201. 本村卫生室哪年建立？阳历：□□□□年

202. 本村卫生室办医形式？□

1. 村委会办　2. 村委会与村医联办　3. 乡村医生联办

4. 乡镇卫生院设点　5. 个体办　6. 其他__________（请注明）

203. 本村卫生室面积是多少？□□□平方米

		选项	编码
204.	本村卫生室是否参加了乡村一体化管理	1. 是　2. 否	□
205.	本村卫生室财务收支是否由乡镇卫生院统一管理	1. 是　2. 否	□
206.	本村卫生室人员是否实行聘任制	1. 是　2. 否	□
207.	本村卫生室是否为新农合定点机构	1. 是　2. 否	□
208.	本村卫生室行医方式	1. 西医为主 2. 中医（藏/蒙医）为主 3. 中西医结合	□

209. 1）本村卫生室是否有以下科室（1. 有　2. 没有）

1. 预防保健室 □　2. 治疗室 □　3. 药房 □　4. 诊断室 □

2）所拥有的科室是否分开？　1. 是　2. 否□

210. 从卫生室到所覆盖居民家庭的最远距离为？□

1. 不足 1 公里　2. 1 ~2 公里　3. 2 ~3 公里　4. 3 ~4 公里

5. 4 ~5 公里　6. 5 公里及以上

211. 1）本村卫生室医务人员近一年来参加培训的次数？□

1. 一年 1 次　2. 一年 2 次　3. 一年 3 次　4. 一年 4 次

5. 一年 5 次及以上　6. 没参加过（跳问 212 题）

2）本村卫生室医务人员参加培训的具体内容有（1. 有　2. 没有）

1. 传染病 □　2. 妇幼保健 □　3. 业务知识培训 □

4. 业务法规培训 □　5. 计划免疫培训 □

6. 血防培训 □　7. 急诊急救培训 □

8. 其他——（请注明）

3）本村卫生室医务人员参加培训的方式（1. 有　2. 没有）

1. 网上培训 □　2. 去医院培训 □　3. 去培训班培训 □

4. 其他——（请注明）

212. 1）本村卫生室每月的总收入是多少？□

1. 2 000 元及以下　2. 2 001 ~3 000 元　3. 3 001 ~4 000 元

4. 4 001 ~5 000 元　5. 5 001 元以上

2）本村卫生室医务人员每月的平均基本工资是多少？□

1. 1 000 元及以下　2. 1 001 ~ 2 000 元　3. 2 001 ~ 3 000 元　4. 3 001 元以上

3）本村卫生室医务人员每月的工资补贴是多少？☐

1. 没有（跳问 213 题）　2. 1 000 元及以下　3. 1 001 ~ 2 000 元

4. 2 001 ~ 3 000 元　5. 3 001 元以上

4）本村卫生室医务人员每月工资补贴的依据？（1. 有　2. 没有）

1. 根据公共卫生服务量补助 ☐　2. 根据基本药物使用量补贴 ☐

3. 其他__________（请注明）

	调查内容	单位	2017 年
213.	接受乡镇卫生院对本卫生室实施乡村一体化业务督导次数	次	
214.	乡镇卫生院对本卫生室绩效考核的次数	次	
215.	本村卫生室向乡镇卫生院上转患者人次数	人次	
216.	本村卫生室接受乡镇卫生院下转患者人次数	人次	

（三）基本公共卫生服务

301. 1）本村卫生室是否建立村民健康档案？☐

1. 是　2. 否（跳问 302 题）

2）本村卫生室健康档案更新的次数？☐

1. 一年 1 次　2. 一年 2 次　3. 一年 3 次

4. 一年 4 次　5. 从不更新

302. 1）本村卫生室是否开展健康教育工作？☐

1. 是　2. 否（跳问 401 题）

2）近一年来开展健康教育的次数？☐

1. 1 ~ 2 次　2. 3 ~ 4 次　3. 5 ~ 6 次　4. 7 次及以上

（四）医疗服务

401. 本村卫生室平均每天的诊疗人次？☐

1. 1 ~ 5 人　2. 6 ~ 10 人　3. 11 ~ 20 人　4. 20 人以上

402. 本村卫生室提供候诊服务的时间段是：从□□点到 □□点（ 24 小时制）

403. 本村卫生室乡村医生是否与贫困家庭有签约服务？□　1. 有　2. 无

404. 您认为贫困户看病报销的程序是否方便？□

1. 非常方便　2. 比较方便　3. 一般

4. 比较不方便　5. 非常不方便

405. 回答以下基本公共项目服务内容：

项目	是否有	服务力度	服务效果
	1. 是 2. 否（跳至下一选项）	1. 力度大 2. 一般 3. 力度小	1. 效果好 2. 一般 3. 效果不好
1. 健康教育	□	□	□
2. 预防接种	□	□	□
3. 传染病防治	□	□	□
4. 糖尿病等慢性病管理	□	□	□
5. 精神疾病管理	□	□	□
6. 儿童保健	□	□	□
7. 孕产妇保健	□	□	□
8. 老年人保健	□	□	□

调查员：__________　　调查日期：__________